UĞUR KOŞAR

HER ŞEYE CANINI SIKMA EY GÖNÜL

Ne bu dertler kalıcı, ne de bu ömür.

Hz. Mevlana

DESTEK
yayınları

DESTEK MEDYA GRUBU

DESTEK YAYINLARI: 1153
KİŞİSEL GELİŞİM: 196

UĞUR KOŞAR / HER ŞEYE CANINI SIKMA EY GÖNÜL

İmtiyaz Sahibi: Yelda Cumalıoğlu
Genel Yayın Yönetmeni: Ertürk Akşun
Yayın Koordinatörü: Özlem Esmergül
Editör: Devrim Yalkut
Kapak Tasarım: İlknur Muştu
Sayfa Düzeni: Cansu Poroy
Sosyal Medya-Grafik: Tuğçe Budak - Mesud Topal

Destek Yayınları: Eylül 2019 (20.000 Adet)
21.-30. Baskı: Ekim 2019
Yayıncı Sertifika No. 13226

ISBN 978-605-311-676-9

Abdi İpekçi Caddesi No. 31/5 Nişantaşı/İstanbul
Tel. (0) 212 252 22 42
Faks: (0) 212 252 22 43
www.destekdukkan.com
info@destekyayinlari.com
facebook.com/DestekYayinevi
twitter.com/destekyayinlari
instagram.com/destekyayinlari
www.destekmedyagrubu.com

Özkaracan Matbaacılık ve
Ciltçilik San. Tic. Ltd. Şti.
15 Temmuz Mah. Gülbahar Cad.
No. 62/B Bağcılar / İstanbul
Tel. (0) 212 515 49 47
Sertifika No. 12228

DESTEK yayınları KARAKARGA BEYAZ BAYKUŞ genç DESTEK

UĞUR KOŞAR

HER ŞEYE CANINI SIKMA EY GÖNÜL

Ne bu dertler kalıcı, ne de bu ömür.

Hz. Mevlana

DESTEK yayınları

İÇİNDEKİLER

Rahman ve Rahim olan Allah'ın adıyla başlarım. Bu kitabı yazmayı vesile kılan Rabb'ime verdiği lütfundan dolayı hamdüsenalar olsun.

"Ben bir kulu sevdiğim zaman onun işiten kulağı ve gören gözü olurum. Artık o, (konuşurken) benim (kelamım ve hükmüm) ile konuşmaya ve (baktığı her şeyi) benim (verdiğim özel bir görüş) ile görmeye başlar."

Bu kitabı yazan Uğur Koşar sadece aracıdır, vesiledir. Allah ile kulları arasında bir köprüdür. Lütuf, İlim ve Hikmet tamamen Allah'ındır... Yazdıran O'dur.

Önsöz

Kıymetli okurum şükür tekrar Kavuşturan'a diyorum. Uzun zamandır yazmaya ara vermiştim, bu süreçte bir yandan yoğun seanslar içinde şifanıza vesile olmaya çalıştık, bir yandan da sizden gelen okur yorumları ile mutlu haberler aldık.

Aldığım güzel yorumlarınız ile birlikte birçok da vesvese, takıntılar ve korkularınıza ait sorularınız vardı. Gelen psikolojik ve ruhsal içerikli sorular ve Nur Seansı'na katılmak için dünyanın dört bir yanından gelen danışanlarımın yaşadığı sıkıntılar, beni *vesvese ve takıntılar* üzerine en çok da *zihnimizi susturmak* adına bu kitabı yazmaya sebep oldu.

İnsanlar sorunlarını şöyle ifade ediyorlardı:

- Hocam zihnim hiç susmuyor.
- İçim daralıyor, nefesim tıkanıyor.
- Sürekli gelecek, sevdiklerimi kaybetme ve hastalanma korkusu yaşıyorum.
- Bir anda öleceğim korkusu yaşıyorum.
- Pis olma ve temizlik takıntılarım var.

- Geçmiş travmalarımı unutamıyorum.
- Yıllardır tedavi görüyorum ama mutsuzum.
- O kadar tahlil yaptırdım her şey normal çıktı ama kalbimde çarpıntı durmuyor.
- Zihnimde gelecekle ilgili hep senaryolar, kötü düşünceler var.
- Artık kimseyle görüşmek konuşmak istemiyorum, ben mutlu olamam.

Ve buna benzer birçok sorun... En kötü olan iki şey de neydi biliyor musun?

Birincisi: Vesvese o kadar umutsuz bir hale getirmiş ki insanları mutlu olacaklarına dair umutları kalmamıştı. Çoğu okurum yıllarca vesveselerinden kurtulmak için birçok yola başvurduğunu dile getiriyordu.

Biliyor musun tecrübe bir yandan da çok acı bir şey. İnsanın kalbi ile aklı arasına giriyor ve seni tereddütte bırakıyor. Karşına şifana vesile olacak biri bile çıksa önyargı ile davranabiliyorsun.

Bu yüzden Allah iyi insanlar, razı olduğu kullar ile bizi buluştursun bizleri.

Mutlu olmak için kafandaki bütün kurguları bir kenara bırakmanı isterim. İnanmadan hiçbir şey olmaz. Yüce Allah "Kuran inananlar için hidayet ve şifadır" buyurmuş. (Fussilet 44)

Aslında insanlar yıllarca bu vesveselere şifa bulma konusunda sıkıntı yaşadıkları için ve sağlıklı, kesin bir çözüm bulamadıkları için haklılardı. Çünkü vesvesenin tam anlamıyla bir teşhisi yoktu. Yani vesvese doktoru şimdi nerden bulacaksın?

Eskiden vesvese doktorları vardı mesela, Abdulkadir Geylani hazretleri. Sen onun yanına gitsen vesvese emin ol kaçacak delik arardı. "Şimdi bu evliya ilim verir de meşgul ettiğim bu kul benim hakkımdan gelir" diye...

Mesela İmam Gazali, Bediüzzaman Said Nursi... Şeytanı çok iyi tanıyorlardı. Nefsin bütün tabiatını çok iyi biliyorlardı. Onlar tam anlamıyla ilahi doktorlardı. Vesvese doktorları...

Ama şimdi sorunumuzu sadece yaşayan biliyor. Sen biliyorsun. Ateş düştüğü yeri yakıyor.

Herkes yaşadığın korkulara inanmıyor. Aile yakınlarımız bile maalesef çoğu zaman "Sen kendin yapıyorsun!" diyerek seni suçluyorken, bizi kim anlayacak?

Sen panikler yaşıyorken seni kim anlayabilir? Geçtiğimiz günlerde Nur Seansı'na katılmak için şehir dışından bir baba oğul geldiler. Çocuk on sekiz yaş civarında, çok da efendi. Sürekli hastaneye ölüm korkusu ile gidiyorlarmış. Babası artık yorulmuş, daha önce seansımıza gelen bir aile dostu da bizi tavsiye edince ofisimize getirmiş sağ olsun.

Dedim ki: "Çok insan hastane yakınında bu sebepten dolayı ev tutuyor."

"Aynen hocam, biz de onlardan biriyiz" dedi.

"Evladınız bunu bilerek ve isteyerek yapmıyor" dedim ve seans için odama aldım. İki saate yakın bir çalışma yaparak şükür şifasına vesile olduk. Odadan çıktığında gözleri parlıyordu, yüzüne renk gelmişti. "Hocam, bize de anlat neler yaptığını" diyorsun içinden...

Elimden geldiğince anlatmaya çalışacağım bu kitapta... Çok faydasını göreceğine inanıyorum. Aşamadığın konularda destek alabilirsin.

Ya da gelemeyecek bir ülkedeysen birçok danışan gibi "Görüntülü Seans" alabilirsin; fakat amacım senin sorunlarının çoğunu kendin çözmen ve bu kitap ile sana vesile olmak.

Az önce sözlerimin başında başımıza gelen en kötü iki şey demiş, birincisini yazmış, umutsuzluk ve inancının kırılması demiştim... İkinci şey ise vesveseyi tanımıyoruz! Evet, biz vesveseyi bilmiyoruz. Oysa insan ancak bildiği bir şeyin hâkimidir öyle değil mi? Şimdi sana vesveseden söz etmek isterim. Sonra da her biri şifana ve huzuruna vesile olsun diye çözüm metotlarını anlatacağım...

Vesvese Nedir?

Vesvese, tamamen bir kuşku, kuruntu, olmayan bir şeydir. O tamamen aslında bir gölge gibidir. Ancak insanı yorar, yaşam enerjisini alır. Vesvese gizli içsesimizdir. Onu sadece biz duyarız. Her insanın bir şeytanı, her insanın bir vesvese vereni vardır. Nitekim Sevgili Peygamberimiz Hz. Muhammed (sav) bu konuda *"Ben kendi vesvese verenimi*

Allah'ın yardımı ile Müslüman ettim" buyurmuştur. (Tirmizi, *Rada* 17; *Müsned* III/309)

Nas Suresi'nde "Vesvas'il hannas" diye geçer.

Vesvas şeytanın bir diğer ismidir. Vesvese veren anlamındadır. Onun tüm işi budur.

Hannas sürekli bir gelir bir gider. Özelliği budur. Zihnimize fısıltı verir, kenara çekilir, tekrar tekrar döner geri gelir, amacı bizi bıktırmak, yıldırmak, yormaktır. Yorunca ibadet yapamaz hale gelirsin, hayattan tat alamazsın. Ve onun tüm isteği budur.

Ancak vesvese korkulacak bir şey değildir, imanın zayıflığı asla değildir. Halk arasında böyle kulaktan dolma öğretiler olsa da yine Peygamber Efendimiz (sav) kendisine başvurup ben vesvese müptelasıyım diyen bir sahabeye, "*Endişe edilecek bir şey yok, o imanın ta kendisidir*" buyurmuştur. (Müslim, *İman* 211, *Müsned* 2/456)

Şeytan boş kalpler ile uğraşmaz. Vesvese gelen insanın kalbini mutlaka Allah seviyordur. Belki ibadetin çok değildir ama birçok şeye sabretmişsindir. Bu da seni Allah katında sevgili bir kul yapmıştır. Tabii bu sefer şeytan boş durmaz. Allah kimi seviyorsa elbette onunla uğraşır.

Yani şu an sözlerimi okuyorsan Allah'ın izniyle O'nun sevdiği kulusun sen de. Ben buna canı yürekten inanıyorum.

"Elinizdeki bu kitap korku, kaygı, kötü senaryolar, takıntı ve sizi sürekli geçmişe götürüp olumsuz düşünceler ile yoran zihninizi susturmak adına öğretiler sunan bir kılavuzdur."

Kitapta her sayfada bölüm bölüm, farklı başlıklar altında çalışmalar, metotlar var. Bu metotların bazıları ilim, bazıları bilimsel ve spiritüel çalışmalar. Hepsi de sana kendini Allah'ın izniyle çok iyi hissettirecek öğretilerdir.

Metotların arasında en çok ihtiyaç duyulan ve sizlerden gelen sorulara cevaplar da verdik. Ve daha akılda kalması için özlü sözlerimizi çerçeve içene alarak sayfa aralarında paylaştık. Bu çalışmaları uyguladığında hem zihnin susmuş olacak hem de içinde derin bir huzur hissedeceksin.

Ve bilmeni isterim ki:

Bu kitapta birçok özel teknikler paylaştık. Her insanın algısı farklıdır, senin anlamadığın bir teknik olursa canını sıkma. Başka teknikleri, metotları yaşamına sokabilirsin.

Şimdi geçmişi bırakma zamanı. Henüz gelmemiş gelecekten korkmayarak; sakin, huzurlu ve boşalmış bir zihin ile yeni bir hayata başlama zamanı... Vesveselerden arınarak mutluluğu kucaklama zamanı...

Güne Huzurlu Başlama Öğretisi

Bu uygulamanın özelliği sevdiğimiz ve bizi üzen insanları gruplara ayırmamak! Evet, doğru okudun. Ve daha da ilginci bizi üzen insanlara da dua göndermek...

Burada amacımız nefsimizin bizi içimizden o insanlara karşı fitnelemesini engellemek. *Çünkü şeytan öfke dolu bir kalpte huzur bulur.* Bunu asla unutma. Tekrar ediyorum; şeytan öfke dolu bir kalpte huzur bulur. O halde biz neden şeytana bu rahatlığı sağlayalım? Senin öfkelenmeni, sinir olmanı isteyen kim?

Elbette içindeki nefsin...

Buna çok dikkat etmeni isterim. Haklı ve haksız olayından söz etmiyorum. Sonuna kadar haklısındır sana inanıyorum. Biz iyiler hep mağdur olduk. Olsun elhamdülillah bizi kul değil Allah imtihan ediyor.

Ben senin huzurla yaşamandan yanayım. Bu yüzden nefsine dikkat et. Seni asıl yoran o içinde hiç susmayan, hep seni geçmişe götüren nefsinin fısıltısıdır. Bunun farkında olmanı diliyorum.

Unutma ki Peygamber Efendimiz (sav) müşrikler tarafından çok can sıkıcı şeyler yaşamıştı ama buna rağmen sahabe "Ey Allah'ın resulü niçin beddua etmiyorsun Allah'a hepsini helak etsin?" dediklerinde *"Ben Âlemlere Rahmet olarak gönderildim"* buyurmuştur. Biz kinden yana değiliz, biz rahmetten yanayız. O yüzden bu çalışmada herkese dua ederek şeytanın başını adeta taşlara vurduracağız.

Hadi o halde uygulamaya başlayalım. Bu uygulamayı sabah kalktığında yapmanı isterim. Bir süre sonra hayatında rahmani, çok güzel gelişmeler olacağına inanıyorum.

Güne Huzurlu Başlama Uygulaması

Her sabah uyandığında henüz yataktan kalkmadan gözlerini kapat ve sana kendini iyi hissettiren insanları düşün. O insanlara dua gönder. "Allahım Fettah ve Nafi ismin hürmetine sen bu insanlara (dua edeceğin insanların isimlerini söyleyebilirsin tek tek) yardım et. Kalbine huzur ver" de.

Sonra canını sıkan insanları düşünerek "Allahım sen bu insanların kalbine Mümin ve Hadi ismin hürmetine hidayet ver" de. Bunu her sabah tekrar et. Unutma ki sen birine dua ettiğinde melekler de sana dua ederler.

Sana bir sır vermek isterim.
İçinde ne kadar kin tutarsan zihninde
o kadar çok düşünce, vesvese oluşur.
Çünkü kin, şeytanın en sevdiği duygudur.
Köpekbalığı nasıl kan kokusuna hızlıca
geliyorsa, şeytan da kin barındıran insana
o denli hızlıca gelir ve zihnine psikolojini
bozacak düşünceler getirir.
Seni daima geçmişte tutar.

Üç Kelime Tekniği ile Zihni Sustur

Bu teknik yine zihnini susturmak adına çok etkili bir öğretidir. Canımızı sıkan bir olay gerçekleştiğinde nefis hemen devreye girerek bize bu olayı defalarca anlatıyordu. Bu sefer onunla konuşma şeklimiz farklı olacak.

Nefsin sana o kişilerin yaptıklarını hatırlattığında şu üç cümleyi kullanacağız:

"Evet haklısın."

"Doğru söylüyorsun."

"Peki ya şimdi?"

Bu sefer nefsini bu üç cümle ile şaşırtıyoruz. Çünkü nefis haklı olmak ister. Haklı olmak için çabalar. Senden doyum bekler, nefis daima onay bekler.

Üç Kelime Tekniği Uygulaması

Zihnimize bizi yoracak bir düşünce geldi ve onun artık farkındayız. Bu düşünceyi zihnimize getiren nefsimizle içimizde bir insan, bir canlı varmış gibi konuşuyoruz. "Evet, haklısın nefsim. Doğru söylüyorsun nefsim. Peki ya şimdi nefsim?"

Nefsine soru sor! Nefsine daima soru sor, bundan asla kaçınma. Onun seni doldurmasına izin verme. O seni fitnelemeden önce sen onu ele al. "Hey nefis! Anlatmaya devam et, sen haklısın. Doğru söylüyorsun Peki ya Şimdi?"

Bir anda zihnin kalakalır. Artık onda ses yoktur. Çalışan koca bir makine bir anda stop etti. Şimdi hayatın tadını çıkar... Bunun için de Allah'a şükret.

Rahmani Nefes

"Rahmani Nefes Tekniği" ile devam ediyoruz. Rahmani Nefes Tekniği bize iki yönden fayda sağlayacak bir çalışmadır. Birçok televizyon programında da bu tekniği kısa da olsa paylaşmıştık. Tekniğin bize iyi gelecek birinci tarafı; dünya telaşı, stres ve olumsuz düşünceler ile birlikte vücudumuz çoğu zaman kasılır. Bu kasılmalar nedeniyle beynimize daha az oksijen gider. Oksijenin beynimize az gitmesi zihinde mutlu olmamızı sağlayan kimyasalların da salınımını azaltır.

Bu sebeple Rahmani Nefes Çalışması zihnimizde bizim mutlu olmamız adına salgılanan kimyasalların da daha sağlıklı çalışmasına vesile olacaktır. Bu çalışma bittikten sonra hem zihninin sustuğunu hem de içinde bir boşluk, tatlı bir huşu hissedeceksin.

Rahmani Nefes'in bize diğer yararı ise şöyledir:

Aldığımız bazı kötü enerjiler, nazar, stresin getirdiği huzursuzluk ve haset enerjileri kalbimizin üzerinde toplanır. Bazı insanlar kalbini sanki birisi sıkıyormuş gibi hisseder. Yahut da kalbinin üzerine bir ağırlığın çöktüğünü söylerler.

İşte bu ağırlık (şayet fiziksel bir hastalığınız yoksa) çoğu zaman aldığımız kötü enerjilerden kaynaklanır.

Peygamber Efendimiz Hz. Muhammed (sav) "Estağfurullah kalbi cilalar, nurlandırır" buyurdular. Bu hadis ile nefesi birleştirerek uygulamamıza artık geçebiliriz.

Rahmani Nefes Uygulaması

Rahat edebileceğiniz bir koltuğa oturun. Başınız geriye yaslanmış ve tavana bakar şekilde pozisyon alıyoruz. Uygulama bitene kadar bu şekilde doğrulmadan duruyoruz. Gözlerimizi kapatıyoruz ve burnumuzdan derin bir nefes alıyoruz.

Nefesi içimizde tutuyoruz, nefesi hemen geri vermiyoruz. Nefes içimizdeyken kalbimizi Kâbe olarak düşünürsek Kâbe'yi nasıl yedi kez tavaf yapmaktayız, aynı şekilde kalbimizin etrafında "Estağfurullah" diye içimizden kalbimizi tavaf ettiğimizi zihnimizde düşlüyoruz. Yedi kez "Estağfurullah" diye kalbimizi tavaf ettikten sonra aldığımız nefesi geri veriyoruz, nefesi verirken de "Elhamdülillah" diyoruz.

Sonra başımızı kaldırmadan tekrar nefes alarak aynı uygulamayı yapıyoruz. Bu uygulamayı 10 kez sabah saatleri 10 kez akşam uyumadan tekrar ediyoruz.

> *Not:* Esneme olması doğaldır. Rahmani Nefes zihninizde bir boşluk oluşturacak ve kendini ilk denemede bile Allah'ın izniyle iyi hissettirecektir.

Soru-Cevap

Hocam geceleri uyuyamıyorum ve bu benim hayatımı çok olumsuz etkiliyor ne yapabilirim?

Nasreddin Hoca yaşlanmış ve uykusuzluk çekmeye başlamış. Her şeyi denemiş (sıcak banyo, ilaç, yatıştırıcı, şurup) ama hiçbirinin faydası olmamış. Hiçbir şey işe yaramamış. Ve çocukları rahatsız olmuş, çünkü Hoca uyuyamadığı zaman evdeki kimseyi de uyutmuyormuş. Gece tüm aile için kâbus oluyormuş.

Çaresizce, her yöntemi araştırmışlar, çünkü tüm aile deliye dönüyormuş. Sonunda bir hipnozcu bulmuşlar. Çocuklar mutluluk içinde gelmişler ve Hoca'ya şöyle demişler: "Artık endişelenmene gerek yok baba. Bu mucizeler yaratan bir adam. Dakikalar içinde uyku getiriyor. İşin sırrını biliyor, bu yüzden sen hiç endişelenme. Artık korku yok, uyuyacaksın."

Hipnozcu, Nasreddin Hoca'ya zincirli bir saat göstermiş ve demiş ki: "Birazcık inanç mucize yaratır. Bana birazcık güvenmen gerek. Bana güven, o zaman bebek gibi uykuya dalacaksın. Bu saate bak."

Adam saati sağa sola sallamaya başlamış. "Sol-sağ, sol-sağ. Gözlerin yoruluyor, yoruluyor, yoruluyor. Uyuyorsun, uyuyorsun, uyuyorsun."

Herkes coşku içindeymiş. Mutluymuş. Hoca'nın gözleri kapanmış, başı eğilmiş, bebek gibi derin bir uykuya dalmış. Düzenli nefesler almaya başlamış. Hipnozcu ücretini almış, çocuklarına artık onu rahatsız etmemeleri gerektiğini anlatmak için parmağını dudaklarına götürmüş. Sonra sessizce dışarı çıkmış. O çıkar çıkmaz Hoca tek gözünü açmış ve demiş ki: "Gitti mi o deli?"

***

Bu soru sürekli geliyor, hocam uyuyamıyorum... Peki şimdi ne yapmalı?

Burada yaptığın en büyük hata şu: Uyumak için çaba gösteriyorsun, direnç içindesin. Bu ise uykunu hepten kaçıracaktır, bütün sinir sistemini altüst edecektir. Çünkü senin uykuya hazırlık için sakin olman gerekirken tam tersini yapıyorsun! Kendi içinde büyük bir savaş içindesin.

Uyku için çaba gösterdiğinde kendini "Şimdi uyumalıyım" diyerek kodlamaktasın. Ancak bir yandan nefsin, bir yandan şeytan sana sürekli fısıldayacaklardır. Zincirleme olarak aklına planlar, zamanı ve yeri olmayan düşünceleri sokmak isteyeceklerdir.

Senin en büyük sorunun budur. Şeytanın ve nefsin seni çıldırtmak için uğraşıyorlar. Çünkü sen uyumazsan, uykunu alamazsan sersem gibi bütün gün dolaşacaksın. Kendini berbat hissedeceksin. Bu senin psikolojini zamanla altüst edecek. Bu yüzden şeytan uyanıktır, seni ele almak için uykundan çalmakta. Peki, şimdi ne yapacaksın?

Sana önerim yastığının altında mutlaka bir tespih olsun. 99'luk dua tespihi. Ancak bizim amacımız burada sayıya odaklı bir zikir çekmek değil. Tespih çekmenin başlı başına muazzam bir enerjisi vardır. Yatağına uzan, tespihini eline al, niyetin tamamen Allah'ı anmak. Ne uyumak ne de tespih ederek karşılığında bir şey istemek. Saf bir sevgi biçiminde Allah'ı anmak adına şu zikri tespih etmeni istiyorum:

> *"Sübhanallahi velhamdü lillahi ve la ilahe illallahü vallahü ekber ve la havle ve la kuvvete illa billahil aliyyil azim."*

Bu zikre şeytan asla dayanamaz ve senin yanından kaçacaktır. Bu tespihi çekerek ve zikrederek kendi auranı ve ruhsal enerji frekansını yükseltmiş olursun. Melekler sen yataktayken senin bu zikrine mutlaka katılır. Hoşnut olurlar. Rahmanilerin çevrendeki enerjisi ise sana huşu getirecektir. Bu huşu bir anda derin derin uyumana vesile olacaktır. Yalnız dikkat etmeni isterim, Allah sana rahatlık versin ama bu rahatlık seni Allah'tan uzak etmesin.

Soru-Cevap

Hocam insanlara seanslarınızda yardımcı oluyormuşsunuz, bunu nasıl başarıyorsunuz?

Sevdiğim bir bilgelik hikâyesi vardır:

Eski zamanlardan birinde, bilinmeyen bir ülkede, bir prens aniden aklını kaçırmış. Kral ise çaresizlik içindeymiş. Prens onun tek oğlu, krallığın tek vârisi imiş. Bütün büyücüler çağrılmış, bütün keramet sahipleri, tıp adamları davet edilmiş hiçbir çaba sonuç vermemiş.

Genç prense kimse yardım edememiş, aklı yerine gelmiyormuş.

Delirdiği gün giysilerini çıkarıp atmış, çırılçıplak kalmış ve büyük bir masanın altında yaşamaya başlamış. Prens kendisinin horoz olduğunu sanıyormuş. Sonunda kral prensin eski haline dönmeyeceğini kabul etmek zorunda kalmış. Prensin deliliği kalıcıymış; çünkü bütün uzmanlar başarısız olmuş.

Fakat bir gün umut doğmuş. Bir bilge sufi kapıyı çalmış ve "Prensi iyi etmek için bana bir fırsat verin" demiş.

Kral şüphelenmiş, çünkü bu adam da deliye benziyormuş, prensten daha beter deli gibiymiş. Fakat mistik, "Onu ancak ben iyi edebilirim. Bir deliyi iyileştirmek için daha deli birisine ihtiyaç var. Sizin şans verdikleriniz başarısız oldu, çünkü deliliğin alfabesini bilmiyorlar, o yolda asla dolaşmamışlar" demiş.

Söyledikleri mantıklı gelmiş ve kral, "Bunun bir zararı yok, neden denemeyeyim?" diye düşünmüş. Kral böylece mistik sufiye fırsat vermiş.

Kral, "Tamam, dene..." der demez mistik elbiselerini çıkarıp atmış ve masanın altına koşup horoz gibi ötmüş.

Prens şüphelenmiş ve "Sen de kimsin? Ne yaptığını sanıyorsun?" demiş.

"Ben bir horozum, senden daha tecrübeliyim" demiş sufi... "Sen bir hiçsin, bu işte yenisin, en fazla çıraksın."

"Sen de horozsan iyi, ama insana benziyorsun" demiş prens.

"Görüntülere bakarak karar verme, ruhuma, özüme bak. Ben de senin gibi horozum" demiş yaşlı sufi.

Ve dost olmuşlar. Birbirlerine hep birlikte yaşayacaklarına söz vermişler, bütün dünya onların karşısındaymış.

Birkaç gün geçmiş. Bir gün yaşlı adam giyinmeye başlamış. Gömleğini giymiş. "Ne yapıyorsun, delirdin mi, insan elbisesi giymeye çalışan bir horoz olur mu hiç?" demiş prens.

"Sadece bu aptalları, bu insanları kandırmaya çalışıyorum" demiş yaşlı adam. "Hem unutma, giyinsem bile bir şey değişmeyecek. Benim horozluğum baki, bunu kimse değiştiremez. Sırf insan gibi giyindim diye değiştiğimi mi sanıyorsun?"

Prens kabul etmek zorunda kalmış.

Birkaç gün sonra yaşlı adam prensi de giyinmeye ikna etmiş, çünkü kış geliyormuş ve hava soğuyormuş.

Sonra bir gün aniden saraydan yiyecek istemiş. Prens dikkat kesilmiş ve "Alçak, ne yapmak istiyorsun? O insanlar gibi, onlar gibi mi yiyeceksin? Biz horozuz ve horoz gibi yemek zorundayız" demiş.

"Bu horoz söz konusu olduğu sürece hiçbir şey fark etmez" demiş yaşlı sufi. "Her şeyi yiyebilir, her şeyin keyfini çıkarabilirsin. İnsan gibi yaşayabilir ve horozluğuna sadık kalabilirsin."

Yaşlı sufi yavaş yavaş prensi insanların dünyasına geri dönmeye ikna etmiş. Prens tamamen normal olmuş.

***

Aynı şey senin benim için de geçerli. Belki bugüne kadar kimse sana yardım edemedi! Ve senin şimdi avuçlarında bu kitap var. Karşındayım. Bir şekilde buluştuk. Sen dertlerinlesin, benim de dertlerim vardı. Senin dertlerin çocukluğundan beri belki devam ediyor, ben de devamlı imtihan içindeyim.

Ve seni iyi anlıyorum. Sen daldan düştün bir yerin acıdı, benim de canım acıdı. Sen arayışa yeni başladın sadece, ben ise çözümü senden önce kavradım. Allah bana bunu çocuk yaşlarda öğretti, şimdi ise sana öğretiyorum. Seninle bildiklerimi paylaşıyorum. Çünkü aynı sorunların içinde yeşerdik. Sen arayış içindeydin ve beni buldun. Ben de senin bana gelmeni bekliyordum.

Ben bir uzman değilim, sadece senin dertlerini en iyi bilenim. Çözümünü sana anlatmak için varım, çünkü ben onları çözdüm. Allah bana İlim'i ve Hikmet'i ile tecelli etti ve dertlerin içindeki dermanı gördüm. Hak gözüyle gördükten sonra onları topladım. Birer meyve gibi onları topladım ve o dertlerin vitaminini içtim. Şimdi şifalı suyu senin içmeni istiyorum. Her derdin içinde şifa gizlidir ve onu görmeni istiyorum.

Güzel bir *Mesnevi* hikâyesi vardır:

Fillerinden çok gururlanan Hintliler, hayatlarında hiç fil görmemiş olan bir grup insana fil göstermek istediler. Fili karanlık bir ahıra koydular, fili görmek isteyenleri çağırdılar. Bir sürü insan küçük ahıra doluştu ama ahır öyle karanlıktı ki kimse doğru dürüst bir şey göremiyordu.

Bu yüzden insanlar ellerini filin orasına burasına sürmeye, dokunarak tanımaya çalıştılar. Dışarı çıkanlar da fil hakkında öğrendiklerini bir bir anlattılar.

Biri filin hortumuna dokunmuştu, "Bu fil dedikleri kocaman bir hortuma benziyor" diye anlattı. Birisi filin kulağına dokunmuştu. "Fil, yelpaze gibi bir hayvan" dedi. Bir başkası sadece bacağına ulaşabilmişti. "Kalın bir direk" dedi. Aralarında biri daha meraklı çıkmış, filin gövdesinin büyük bir bölümünde elini dolaştırmıştı. "Büyük bir kayaya benziyor" dedi.

Evet, herkes filin neresine dokunduysa fili öyle bir şey olarak algıladı; fakat ellerinde onlara kılavuzluk edecek bir ışık olsaydı filin tümünü görebilir, doğru bilgi sahibi olabilirlerdi. Hayatı ve sorunlara ait çözümleri sana gösterebilmek adına fener olabiliyorsam ne mutlu.

Birazdan sana yeni teknikler, çözümler anlatacağım ama arada soru-cevap da yapalım; çünkü insan sorarak öğrenir. Çözümler, soruların içinden çıkarlar. Bu yüzden soruyu anlamak çözüm için çok önemlidir, beni anlıyor musun?

Duanın Kabul Olması İçin

Günahlarımız duamıza engel duvarlardır. Bu yüzden dua etmeden önce bu engelleri kaldırın ve Rabb'imize şöyle yakarın: "Ya Rabbi! Hacetime engel olan bütün günahlarımdan mağfiret dilerim."

Estağfurullah Zikri ile Zihni Susturma

Estağfurullahın zihnimizi susturma ile nasıl bir bağlantısı olur sorusunu içinden geçirdiğini duyumsar gibiyim. Aslında öyle hassas ve derin konular var ki... Bu yüzden bunları kaleme almak, senin kalbine fısıldamak istedim. Kalbin rahat olsun. Sen rahat ve mutlu olunca ailen de mutlu olacak. Kendini daha değerli hissedeceksin. Artık suçlu hissetmeyeceksin. Çünkü biliyorum ki çoğu zaman insanları, aileni de bıktırdığını düşünüyorsun. O kadar ince düşüncelisin ki...

Ancak şimdi konumuza dönelim ve estağfurullahın önce ne demek olduğunu anlayalım, sonra da mutlu olmamız ile ilgili nasıl bir bağlantısı olduğunu görelim.

Estağfurullah kelimesi aslında bir duadır. "Allahım kusurumu örtmeni senden diliyorum. Allah kusurumu affetsin. Allah beni bağışlasın" anlamındadır. Birazdan bu duanın bizim hastalıklarımıza adeta şifa olduğunu göreceksin. Zehre karşı bir panzehir, bir antibiyotik, hatta bir antidepresan kıvamında ama tüm bunlardan çok daha öte *Rahmani Şifa* içeren bir ilaç olduğunun farkına varacaksın.

Şimdi bu duanın nasıl bir ilaç olduğunu görmeden önce şu hadisi şerifleri idrak etmeni isterim:

> *"Mümin insana bir ağrı, bir yorgunluk, bir hastalık, bir üzüntü, hatta küçük bir tasa hali isabet edecek olsa, bunlar onun bir kısım günahlarına kefaret olur."* (Müslim 2573)

Bu hadisi lütfen bir daha oku, manayı anlayacağına inanıyorum. Efendimiz (sav) çoğu zaman günahlarımızdan dolayı sıkıntılar yaşadığımızı açıkça ifade ediyor. İşte birazdan bu sıkıntıları yok etmek için estağfurullah zikrini kullanmayı öğreneceğiz.

Ve tekrar şu hadise dikkat etmeni isterim, hadis devam ediyor:

> *"Kul Allah'ın kendisi için takdir ettiği dereceye ameli ile ulaşamazsa, Allah onun canına, malına veya çocuğuna bir musibet verir. Sonra ona sabretme gücü ihsan eder. Böylece onu kendisi için takdir ettiği mertebeye ulaştırır."* (Ebu Davud 3090)

İşte bütün sır burada. Musibet, bela, ilişkilerde sıkıntı, işlerimizde sıkıntı yaşamamızın öz sebebi bu hadiste açıkça belli oluyor. Şimdi ne demek istediğimi daha iyi anlıyorsun.

Ve yine çok önemli bir hadisi paylaşmak istiyorum Efendimiz (sav) buyurmuş:

> *"Kimin günahı, kaygısı ve gamı çoğalırsa estağfurullah deyip Allah'tan bağışlanma dilesin. Kimin de rızkı gecikirse çokça 'La havle vela kuvvete illa billah' desin."* (Taberani)

Şimdi daha iyi görüyor musun? Efendimiz (sav) sıkıntılar, gamlar, kederler, kaygılar için ilacı asırlar öncesinden veriyor. Ve emin olabilirsin ki estağfurullah bu yüzden Rahmani bir ilaçtır.

Bu konuda son bir hadis daha paylaşmak istiyorum. Beni dinlerken şeytan seni sıkabilir, çünkü bu onun işine hiç gelmiyor. Estağfurullah onu adeta çıldırtıyor. Zaten bizim amacımız da bu:

> *"Bir kimse istiğfara devam ederse, Allah ona her darlıktan bir çıkış yolu verir, her kaygıdan azat eder ve onu ummadığı yerden rızıklandırır."* (Tirmizi)

Bize müjdeler ile dolu bir hadis yine görüyor musun? İstiğfara devam ettikçe sıkıntılarımızdan arınacağımızın müjdesi var. Çoğumuz imtihandayız. Bazen ilişkilerimizle, bazen sağlığımızla, yahut da maddiyatla ve tüm bunlar yaşam enerjimizi alarak zihnimizi meşgul ediyor öyle değil mi?

Allah ise bu yaşadığımız darlıktan, kaygıdan kurtulmanın yolunu, anahtarını bize veriyor. Elhamdülillah. Rabbim çare yaratmadan dert yaratmazmış. O yüzden ölüm dışında her şeyin çaresi var sakın umutsuz olma. *Senin inancın şifanın yarısıdır bunu da asla unutma.*

Ve bizim psikolojimizi, ruhsal sağlığımızı olumsuz etkileyen birçok kötü enerjiler vardır. Bu olumsuz kötü enerjilerin bazı günahlar ile geldiğini bilmeni isterim.

Mesela yalan söylediğimizde gelen kötü enerjiler vardır. Aynı şekilde kahve falı baktırdığımızda gelen kötü enerjiler vardır. Gıybet ettiğimizde gelen kötü enerjiler vardır. Anne ve babaya karşı gelerek onlara bağırdığımız zaman gelenler vardır.

Bazen de bela okuduğunda gelenler, rahatsız edenler, seni sıkan, daraltan enerjiler olur.

Zina ile gelen kötü enerjiler de insanda bazı sıkıntı, takıntılara sebep olur.

O halde estağfurullah zikrini şifa olarak kullanma zamanımız geldi de geçiyor bile.

Ve tüm bunlardan dolayı mutsuz olduğun için zihnin hiç susmuyordu. Şeytan sana hangi konuda vesvese vereceğini iyi bilir. Hangi konuda açığın varsa şeytan oradan yüklenir.

Peki, estağfurullah için niçin bir ilaçtır dedim?

> *"Günahından tam olarak dönüp tövbe eden, onu hiç işlememiş gibidir."* (İbn Mâce, Zühd 30; et-Taberâni, el-Mu'cemü'l-kebir, 10/150)

"Allah'tan af dileyen o günahı işlememiş gibidir" hadisi üzerine düşünmeni isterim. Af diledikçe günahlarımız hiç işlenmemiş gibi oluyor. Bu nedenle bu zikir dua, bizim için bir arınma, bir ilaçtır.

Bu zikr-i duayı (estağfurullahı) her gün mutlaka çekmeni diliyorum. Sayıya lütfen odaklanma. Önemli olan sayıdan öte bu zikri yaparken Allah'a karşı mahcup, pişman hissetmen. Duyguların önemli, sayılar değil. Yoksa bin tane duygusuz bir şekilde çeksen ne anlamı olur?

Estağfurullah zikri için ayrıca bir uygulama başlığı açmıyorum ve sadece sana şunu söylüyorum. Günde en az 250 kez estağfurullah çekmeyi âdet haline getirmeni isterim. Buradaki sayı tamamen kendimizi disiplin etmek adınadır. Rakamın etkisi yoktur, etkili olan tekrar söylüyorum; senin kalbinle pişman olman, yaptığın hata ve kusurları düşünerek onların temizlenmesini Allah'tan dilemendir.

Ve şuna çok dikkat etmeni isterim. Her estağfurullah dediğinde Allah'ın da "Kulum seni pişmanlığın için affediyorum ve senin üzerindeki bu sıkıntıları pişmanlığın için kaldırıyorum" buyurduğunu hisset. Unutma ki Allah kulunun zannettiği şey üzerinedir. Senin niyetine göre yüce Allah verecektir.

Zikrine ise her gün devam et. Bunun sonu yok. Bugün çektim yarın çekmesem demek olmaz. Ve göreceksin ki kısa bir süre sonra içsel huzurun ve güzel duygular geri gelmeye başlayacaktır.

Soru-Cevap

Hocam çok çabuk öfkeleniyorum, ne yapmalıyım?

Güzel olan bir şey var, sen sorunun farkındasın. Bazı insanlar bunu sorun olarak görmüyor ve hayatlarına devam ediyorlar. Ancak sen çözüm peşindesin. O halde öfkenin nereden doğduğuna dikkat etmelisin.

Seni öfkelendiren kim? Dışarıdaki insanlar birer tetikleyicidir, bunu daha önce birçok yerde anlattım ve ***Allah de Ötesini Bırak*** isimli kitabımızda da yazmıştım. Ancak bazen unutulabiliyor, bu yüzden bu önemli konuyu tekrar etmek faydalı. Dışarıdaki insan senin içindeki öfkeyi sadece tetikler. Yani dışarıdaki insan senin içindeki öfkenin çıkmasına vesile olur. Ancak öfkenin kaynağı sensin!

Kimse sana öfke veremez öyle değil mi? O halde çözüm de kendi içindedir. Sevdiğim bir kıssa vardır:

Aydınlanmış bir bilge anlatıyor:

"Gençken tekneler beni büyülerdi. Küçük bir kayığım vardı ve yalnız başıma göle açılırdım. Saatlerce orada kalırdım.

Bir seferinde güzel bir gecede kapalı gözlerle, kayığımda kendimi dinliyordum. Akıntı aşağı boş bir kayık geldi ve benimkine çarptı. Gözlerim kapalıydı, bu yüzden şöyle düşündüm:

'Biri kayığıyla geldi ve kayığıma çarptı.'

İçimde öfke yükseldi. Gözlerimi açtım ve öfke içinde adama bir şey söyleyecekken kayığın boş olduğunu fark ettim.

O zaman hareket edecek yön kalmadı. Öfkemi kime ifade edecektim? Kayık boştu. Yalnızca akıntı aşağı gidiyordu ve gelip benim kayığıma çarpmıştı. Bu yüzden yapacak hiçbir şey yoktu. Öfkemi boş bir kayığa yansıtamazdım.

Gözlerimi kapattım. Öfke oradaydı ama çıkış yolu bulamadığımdan gözlerimi kapattım ve öfkeye doğru geri geri yüzdüm.

Ve o boş kayık benim fark edişim oldu.

O sessiz gece, içimde bir noktaya geldim. O boş kayık benim ustamdı. Ve artık biri gelip bana hakaret ettiğinde gülüyorum ve diyorum ki: 'Bu kayık da boş...'

Gözlerimi kapatıyorum ve içeriye gidiyorum."

***

Evet, seni öfkelendiren senin ustandır. Herkesi bir öğretmen olarak gör. İyi ya da kötü olarak düşünme. Sadece öğrenmeye çalış. Dışarıdaki aslında senin içine dönmene vesile olur. Ve sen içindeki öfkeyi bir kez yükselirken yakaladığında bu farkındalık senin uyanmana vesiledir. Bir anda öfke hareketsiz kalır. O bir enerjidir ama sen onu artık yakaladın, onu sadece izliyorsun. İçinde bir öfke enerjisi var ve sen onu farkında bir şekilde izliyorsun. Hiçbir anlam vermeden öfkeni izle.

Bir hırsızı izler gibi izle. Hırsız izlendiğinin farkına varırsa ne yapar? Artık rahat hareket edemez ve eylemine son verir, oradan kaçar. Yanından hemen uzaklaşır. Bu hep böyledir. Sistem bu şekilde çalışır. Yeter ki sen farkında ol. Daima uyanık kal. Daima bir izleyen ol.

Öfkeye şahit olduğunda, onu izlediğinde bir anda kaybolacaktır. İçinde bir öfke hissedersen hemen derin nefes al ve onu izle. Önce öfkeyi izle, sonra de nefes alıp verişini izle. Derin nefes alıyorsun ve veriyorsun. Dikkatini nefesine ver. Bu yöntem senin daha huzurlu olmanı sağlayacaktır. Nefes için de şükret. Allah'ın daima sana tecelli ettiğini ve oksijen alıp vermeni sağladığını hisset. Allah'ın üzerindeki ilgisidir bu... O seninle ilgileniyor. Düşünebiliyor musun? Rab sürekli seninle ilgili... Bundan öte insan başka ne isteyebilir?

Bir konuya daha dikkat etmeni isterim. Kendini, ben öfkeliyim diyerek sürekli kodluyorsun. Kendini bu şekilde bir biçime sokma, bunu kendine yapma. Sonra söylediklerine nefsin inanmaya başlar.

Sürekli senin öfkeli bir insan olduğuna dair fısıltılar aklına gelir. Unutma birine kırk kere deli dersen bir süre sonra deli olduğuna inanmaya başlayacaktır. Bu yüzden lütfen artık kendini kodlamayı bırak. Hayat güzel, çiçekler açıyor, dertler geliyor ve gidiyor, yağmur yağıyor ve güneş açıyor.

Hayatın toplamı bu, onu olduğu gibi kabul et. Bir çiçek ben öfkeliyim demez, bir hayvan ben öfkeliyim demez, bu sadece insana has bir özelliktir. İnsan daima kendine farkında olmadan zarar veriyor. Nefis bu yüzden çok tehlikelidir. Onun fısıltılarına dikkat et ve ne zaman seni kodlamaya kalkarsa buna izin verme.

"İçindeki sese beni kodladığının farkındayım, bunu çok net görüyorum" demen yeterlidir. Senin farkında olman birçok çözümü birden getirecektir, başka bir şey yapmana gerek yoktur.

Soru-Cevap

İnsanların bazen canımı acıtan sözleri ve hakaretleri oluyor, böyle bir durumda zihnimi nasıl susturabilirim?

Dinlemeni isterim:

Adamın biri yorgun bitkin ilerlerken, kumların arasında parlayan bir şey görür ve yanına gider, gördüğü şey bir aynadır ve adam hayatında ilk kez ayna görmektedir.

Eğilir alır, yüzüne yaklaştırır. Aynaya bakar ve bağırır: "Aman Allahım ne korkunç, o yüzden çöle atmışlar bunu..."

Aynayı sert bir şekilde fırlatıp atar ve hızla oradan uzaklaşır.

***

Senin canını sıkan insanlar da böyledir. Onlar aslında içlerindeki kendi sevgisizliklerini, kendi başarısızlıklarını, kendi içsel savaşlarını sana deplase eder, sana yansıtırlar. Bu hep böyle olmuştur. *Ahmak hatayı daima başkasında arar, arif ise hep kendini yoklar!*

Sana bu anlattığım hayatında vazgeçebileceğin insanlar içindi, bazen hayatında daima olması gereken insanlar vardır, kardeşin yahut da aileden biri... Ve onlar seni daima üzüyor şimdi ne yapabilirsin?

Aklıma sevdiğim bir kıssa geldi:

Feridüddin Attar hazretleri (ra) anlatır:

Vaktiyle, bir dergâhta hizmet eden talebelerden biri, bir gün hocasına dedi ki: "Efendim, zat-ı âlinize elimden geldiği kadar hizmet etmeye, teveccüh ve muhabbetlerinizi kazanmaya gayret ediyorum; fakat dergâhtaki bazı kardeşlerimiz farklı karakterlerde. Onların davranış ve sözleri beni çok rahatsız ediyor. Bu şekilde birçok kardeşimiz de bazılarından rahatsız oluyor. Bu sebeple dergâhtan ayrılmayı düşünüyoruz. Müsaade buyurursanız, dışarıdan hizmete devam etmek istiyoruz."

Bunun üzerine hocası buyurdu ki: "Evladım, beni iyi dinle! Soğuk bir kış sabahı idi. Her taraf buz kesiyordu. Hayvanlar soğuktan telef olmamak için birbirlerine sarılıyorlardı. Az ileride bir kirpi sürüsü de, donmamak için birbirine sarıldı. Az sonra, okları birbirlerine batınca ayrıldılar. Üşüyünce, birbirlerine tekrar yaklaştılar. Oklar rahatsız edince yine uzaklaştılar. Soğuktan donmakla, batan okların acısı arasında gidip geldiler. En son arkadaşının oklarının acısına katlanabileceklerini anlayınca birbirlerine sımsıkı sarıldılar ve böylece donmaktan kurtuldular. Yoksa hepsi de donarak öleceklerdi!

İşte evladım, sizler de bu dergâhta birbirinizin oklarına tahammül ederseniz acı çekersiniz, hatta bu acılar nefsinizi terbiye etmenize faydalı olur. Fakat, biz bazı arkadaşlarımızın oklarına tahammül edemeyiz, burayı terk ederiz derseniz, dışarıda donar, helak olursunuz. Kararınızı buna göre verin."

Ben senin tahammül etmenden yanayım. Bu tahammül sana sabrettirecektir. Sabredenlerin yanında her daim Allah vardır. İçinden devamlı, "Allahım senin için sabrediyorum, göndereceğin hayra muhtacım" diyerek dua edersen kısa bir süre sonra bu konuda artık yorulmayacağını göreceksin.

Tüm bunların yanında ben yine de sana zihnini susturmak için çalışmalar vereceğim. Bu çalışmalar ile sabrın daha kolaylaşacaktır. Sen zihninde bunlara takıldığın için sabredemiyorsun.

Şeytana dikkat et, senin sabrını zorluyor, o senin sabrederek Allah'a yakın kalmanı istemiyor. Bu yüzden devamlı aklına, zihnine sana yapılanları getiriyor ve ben onun hilesini bozarak senin işini kolaylaştırmak istiyorum.

Mutsuz musun?

Sıkıntılarımızın çoğu; işlediğimiz günahlar, gıybetler, aldığımız ahlar, beddualar ve bazen de kibirden gelen kötü enerjilerin ruhumuzu bunaltmasındandır. Bol bol şöyle dua etmeni isterim: "Allahım işlediğim bütün günahlarıma pişmanım. Gaffar, Gafur, Afüv, Tevvab isimlerinin hürmetine beni affet."

(Bu duayı sabah akşam okuyalım.)

Nefis daima zihnine vesvese verir, seni üzen, kaygı ettiğin konuları aklına sokar durur. Nefsini aç bırakarak onu güçsüz bırakmanı tavsiye ediyorum.

Mide ne kadar boş kalırsa zihin de o kadar sessiz kalır. Çünkü nefis yemek derdine düşer: "Acaba şimdi ne yesem!"

Bu hep böyle olmuştur. Boş mide zihnin sessizliğine vesiledir.

Kendinizi Çok Hafif Hissettiren Çalışma: Hiçlik Bakışı

Hiçlik bakışı uygulamasını birazdan paylaşacağım ama önce bu bakışı tanıyalım ki ne yaptığımızın farkında olalım. "Hiçlik Bakışı" adı üzerinde benlik makamından hiçlik makamına geçişle ilgili bir uygulamadır.

Benlik Allah ile aramızda bir perdedir. Biz bu dünyaya bebek olarak hiçlik makamında geldik ama bize önce bir isim verdiler, sonra bazı misyonlar edindik: Anne, baba, çocuk vb. Bunlar üzerimizde farkında olmadan yük olmaya başladı. Aslında özünde biz bir kul idik; fakat bunun çoğu zaman farkında olmadan nefes aldık.

Allah dostu Yunus Emre'nin de dediği gibi: "Çıkart benliği aradan, zaten orada Yaradan." Evet, benlik denen bu üzerimizdeki etiket Allah ile aramızda perde oldu hep. Tüm sorun ve belalar aslında ben demek ile başladı. Allah Âdem'i (as) yarattığında kendisine secde edilmesini istemiş, melekler hiç tereddütsüz Âdem Peygamber'e secde etmiş ama şeytan "Ben ateşten yaratıldım, ben daha üstümüm!"

diyerek Allah'ın rahmetinden kovulmuştur. Yani Allah ile arasında bu benlik perde oluşturmuştur.

Bizler de Kudret ve Kuvvet sahibi Allah iken çoğu zaman bu gücü kendimizden biliriz. Ben yaptım, ben aldım, ben başardım vb. kelimeler Allah ile aramızda hep uçurumlar oluşmasına sebep oldu öyle değil mi? Şimdi biraz daha farkında yaşamanı isterim. Ve bu yüzden buradayım, seninleyim. Senin yanındayım. Bu yolda birlikteyiz.

> *Not:* Bu uygulamayı önce yürürken yaparsınız sonra daha çok şeye yayabilirsiniz. Biz şimdiye kadar yürürken kendimiz yürüyoruz sanıyorduk oysa Allah bizi yürütüyor. Şayet ben yürüyorum dersek bedeninizde bir ağırlık oluşur, bunu birazdan hissedeceksiniz ve hiçlik bakışına geçince bu ağırlık yerini hafifliğe bir anda bırakacaktır.

Şimdi sana uygulamadan söz edebilirim.

Hiçlik Bakışı Uygulama

Önce benliğin bize kattığı yorgunluğun farkında olalım. Bu uygulamayı evinizde bir köşeden diğer köşeye giderek holde de yapabilirsiniz. Yürürken içinizden "Ben yürüyorum. Ben yürüyorum. Ben yürüyorum..." diye tekrar edin. Birazdan bedeninizde bir ağırlık oluştuğunu fark edeceksiniz. Yaklaşık bir dakika kadar bu şekilde ben yürüyorum diyerek yürüyün.

Daha sonra ise bir anda şöyle zikredin: "Allah'ın izni ile emanet beden yürüyor" ve ardından "La havle ve la kuvvete billahil aliyyil azim."

Tekrar ediyoruz: "Allah'ın izni ile emanet beden yürüyor. La havle ve la kuvvete billahil aliyyil azim."

Bakın hiçbir şekilde benlik içermeyen bir bakıştır bu. Tamamen ipler Allah'ın elinde, olması gerektiği gibi... Ve bir dakika kadar da bu şekilde zikrederek yürü. Bir anda üzerinde muazzam bir boşluk, huşunun oluştuğunu göreceksin. Bu uygulamayı daha sonra çalışırken, "Allah'ın izni ile emanet beden yürüyor. La havle ve la kuvvete billahil aliyyil azim" ya da koşuyor ya da Allah'ın izni ile emanet beden evi temizliyor şeklinde yapabilirsin.

Kul, kudreti Allah'tan bilerek yaşamında da bunu uygularsa benlik denen zehirden tamamen kurtuluşa ermiş olur ve tüm varlığı hafiflemeye başlar.

Soru-Cevap

İyilik yapıyorum ama hep karşılığında kötülük buluyorum, bu durum çok moralimi bozuyor. Kendimi nasıl sakinleştirebilirim?

Bir gün Cüneyd-i Bağdadi hazretleri bir deniz kenarında gezerken bir Mecusi, yanına bol miktarda yem almış, denizdeki balıklara yem atıyormuş. Aralarında şöyle bir konuşma geçmiş:

"Ne yapıyorsun böyle?"

"Sevap kazanmak için balıklara yem atıyorum."

"Senin sevap kazanman için, evvela iman etmen lazım. Sen Müslüman değilsin ki, hangi sevaptan bahsediyorsun?"

"Peki benim bu balıklara yem verdiğimi o bahsettiğin Allah görüyor mu?"

"O'nun bilmediği, O'nun görmediği bir şey yoktur ki..."

"Bu da bana yeter."

Aradan üç beşe sene geçmiş, Cüneyd-i Bağdadi hazretleri hacca gitmiş, tavaf ederken bakmış, deniz kenarında balıklara yem atan Mecusi de tavaf ediyor. Cüneyd-i Bağdadi hazretleri sormuş:

"Burada senin ne işin var?"

"O beni gördü."

"Nasıl gördü?"

"Sen gittikten sonra içimde bir nur parladı, baktım, balıkların hepsi Kelime-i Şahadet getiriyor. Ağaçlara baktım, Kelime-i Şahadet getiriyor, ben de Kelime-i Şahadet getirmeye başladım. Senin Rabb'in beni gördü. O gördüğü için de buraya geldim. Sana bir nasihat vereceğim: İyilik yap denize at, balık görmezse Halik görür."

***

Gerçek iyilik sahipleri hem iyiliği kendinden bilmezler hem de ben iyilik yaptım kötülük buldum diyerek yakınmazlar. Sen aksine Allah'ın seni o kişilere yardım etmek için aracı kıldığına sevinmelisin! Düşünsene, yüce Allah senin aracılığın ile yardım ediyor. Ne kadar teşekkür etsen az. Şimdi bu boyutta olan bir insan iyilik yaptım kötülük buldum diyebilir mi?

Yaptıklarını insanlar görmeyebilir, bu çok doğaldır. İnsanları görüyorsun bazıları Allah'ı kabul etmiyorlar. Yerin göğün ve ikisi arasındakilerin Rabb'ine isyan ediyorlar. Bunlar kendiliğinden oldu diyorlar. Bundan öte kötülük mü olur? Şimdi sen diyorsun ki, ben iyilik yaptım ama kötülük buldum yahut da iftiraya uğradım. Ben de sana bunların olabileceğini söylüyorum. Bu dünyanın sisteminde bu var, maalesef bu var. Ve gerçekten insanlar en çok Allah'a nankörlük yapmaktalar.

Bu yüzden sen iyiliğe vesile ol ve öylece kalsın. Allah bilsin, bu sana kâfidir. Bu farkındalık ile yaşadığın sürece nefsin sana düşünce veremez. Bak sana bunu yaşattı oysa sen ona zamanında iyilik yapmıştın ama kötülük buldun, hainlik buldun diyemez.

Nefsin seni bu konuda sıkıştırırsa de ki:

"Ey fitneci nefsim, Allah bildi bu da bana yeterlidir. Senin tatmin olmana gerek yok nefsim, Allah razı olsun yeter."

Unutma ki; Allah'ın rızası, nefsin tatmin olmadığı şeydedir.

Bu kadar...

Saffat Suresi Mucizesi

Saffat Suresi dinlemek insan üzerindeki bütün kötü enerjileri yok eder ve insan ruhunda ferahlığa vesile olur. Bu sureyi rahat bir ortamda, kulaklık ile, gözünüz kapalı dinlemek daha tesirli olacaktır.

Sen hep iyiliğe vesile olursun ama
onlar sana teşekkür etmezler.
Hatta o insanlar senin zor gününde
yanında bile olmazlar.
Üzülme!
Çünkü onlar sana teşekkür
etmediği zaman Allah sana
teşekkür eder!
Bu gerçeği duyumsamak
bile en büyük huzur kaynağıdır.

Huzur Köşesi Öğretisi

"Huzur Köşesi" öğretisi adını, bu çalışmayı evimizin bir köşesinde yapmamızdan alıyor. Yine bu öğreti diğer öğretiler gibi huzurun kapılarını sonuna kadar yüreklerinizde ve ruhunuzda hissetmek için özel bir öğretidir. Bu uygulama gece hemen yatmadan önce yapıldığında hem rahat bir uyku hem de sabah kalktığında muazzam bir huzuru kucaklamanı sağlayacaktır.

Bu öğretinin amacı Allah'ın hiç uyumadığını, dinlenmediğini, yorulmadığını nefsimize anlatmak... Bir nevi nefsimizi eğitmek... Onun öğretmeni olmak...

Dünyanın en güçlü insanını düşünün. Bu insan yüzlerce kilo ağırlık kaldırabiliyor ama çok değil iki gün uykusuz kalsa değil yüzlerce ağırlık gözkapaklarını bile kaldıracak gücü olmaz öyle değil mi? Ya da elimize iki şişe verseler ve bu şişeleri yirmi dört saat boyunca hiç oturmadan, dinlenmeden elinde tutacaksın deseler belli bir zaman sonra o şişeler elimizden düşer öyle değil mi? Oysa yüce Allah yeri ve göğü asırlardır kudret eli ile ayakta tutabiliyor düşünebiliyor musun? İşte bu farkındalık ile Allah'ı övme sanatıdır Huzur Köşesi öğretisi.

Huzur Köşesi Uygulaması

Odanın, mümkünse en küçük odanın ya da kendine ait odanın duvar dibine, tam köşeye oturmanı isterim. Oda hafif loş olsun, ışıklar kapalı, mum yakabilirsin ya da bir gaz lambası da yakabilirsin. Ve düşünmeye, tefekküre başla. Gece olmuş herkes uyuyor, kalan insanlar da birazdan yatacaklar. Çünkü insan bedeninin dinlenmeye ihtiyacı var ama yüce Allah uyumaz, uyumayacak. O biz uykudayken bile nefes almamızı, solunum ve dolaşım sistemimizin çalışmasını sağlayacak. Bizimle ilgilenecek. Bu ne kadar özel bir şey duyumsayabiliyor musun?

Bir anne bile bebeğini gece besler ama sonra hemen uykuya dalar ama Allah bizi asla bırakmaz. Bunu duyumsa. Allah'ın hem gücünü hem de seni ne kadar çok sevdiğini duyumsa ve içinden şu şekilde adeta sihirli sözleri zikret:

"Allahım yalnız sen güç ve kuvvet sahibisin. Seni uyku tutmaz. Birazdan bu âciz kulun yatağına yatacak ve uykuya dalacak ama sen uyumayacaksın, yeri ve göğü ayakta tutacaksın."

Bunu nefsine yani içsesine iyice anlat. Bu zikri üç dört defa tekrar etmeni isterim. Sonra yatağına geçebilirsin. Mumları söndür ve uyu, sabah kalktığında muazzam bir derinlik, huzur ve hafiflik yaşayacağına inanıyorum.

Yoruyorsa hayat seni, bir köşeye
çekil, kapat ışıkları ve Rabb'in
ile baş başa kal. O'nunla konuş,
seni dinlediğini duyumsa.
Bu muhabbet bir anda
kalbine huzur getirecektir.

Aşk-ı Esma Çalışması

Aşk-ı Esma adı üzerinde vereceğim esmaları aşk ile, inanarak uyguladığında istediğin bir şeyin senin için hayırlı ve mübarek olacaksa Allah tarafından sana verilmesi içindir. Bu çalışmayı inanarak yapan okurlarımız güzel haberler almışlar, bunu da bize bildirmişlerdir. Şimdi sana çok basit ama çok tesirli olan bu uygulamadan söz etmek isterim.

Aşk-ı Esma Uygulaması

İçimizden üç kes "Estağfurullah" çekiyoruz. Ve salavat getirdikten sonra Fatiha Suresi'ni bir kez okuyoruz. Sonra sırası ile Ya El Berr, Ya Es Selam, Ya Vedud, Ya Fettah isimlerini bir kez zikrederek elimize üflüyoruz. Elini kalbinin üzerinde bir süre tutmanı istiyorum. Kalbinin üzerinde bir ferahlık hissedeceksin. Alacağın hayırlı güzel haberi de bizimle paylaşırsın inşAllah.

Soru-Cevap

Hocam hayatın üzerime fazla geldiğini düşünüyorum ve artık bu yükün altından kalkamıyorum, içimi rahatlatacak birkaç kelam eder misiniz?

Dinlemeni isterim:

Sufi bilge her akşam Allah'a şükrederdi: "Benim için onca şey yaptın ve ben bunları geri ödeyemedim, asla da ödeyemeyeceğim." Müritleri buna anlam veremiyordu, çünkü hayat bazen çok çetin, zorlu geçiyordu.

Üç gün boyunca hiç yiyecek bulamadılar, çünkü her geçtikleri köyde sufi oldukları için geri çevriliyorlardı. İnsanlar onlara gece yatacak yer vermediklerinden çölde uyuyorlardı. Açtılar, susuzdular ve üçüncü gün gelip çatmıştı. Akşam duasında yine, "Çok minnettarım. Bizim için onca şey yaptın ve biz bunları asla geri ödeyemeyeceğiz" dedi.

Müritlerden biri, "Bu da fazla oluyor. Son üç gündür hayatın bizim için neler yaptığını söyler misin lütfen? Ne diye teşekkür ediyorsun?" dedi.

Yaşlı sufi güldü.

"Siz hâlâ Allah'ın bizler için ne yaptığının farkında değilsiniz. Bu üç gün benim için çok önemliydi. Açtım, susuzdum; yatacak yerimiz yoktu; geri çevrildik, lanetlendik. Bize taş atıldı ve ben kendimi içimden izledim. Hiç öfke duymuyordum. Allah'a teşekkür ediyorum.

Armağanlarına paha biçilmez. Asla onları geri ödeyemem. Üç günlük açlık, üç günlük susuzluk, üç günlük uykusuzluk, insanların attığı taşlar ve yine de hiçbir düşmanlık, öfke, nefret, başarısızlık, hayal kırıklığı hissetmiyorum. Bu onun lütfu olmalı; bu Allah'ın bana verdiği destek, hidayet olmalı.

Bu üç gün boyunca birçok şeyi anladım ve eğer yemek verilseydi, kabul görseydik, taş atılmasaydı bunları anlayamayacaktım ve siz de kalkmış, bana neden Allah'a teşekkür ettiğimi soruyorsunuz."

***

Ve ben sana diyorum ki, daima şükredenlerden ol. Şikâyet etme, ne olursa olsun asla şikâyet etme. Bu nefsin hoşuna gidiyor biliyorum; çünkü sen ne zaman şikâyet içinde olsan bu dertleri daha büyük bir hale getirecektir. Hayat zor olabilir, ama Allah kuluna taşıyamayacağı yükü yüklemez.

Nisa Suresi 28'i hatırla:

"Allah yükünüzü hafifletmek ister; çünkü insan zayıf yaratılmıştır."

Bu ayeti bolca okuyabilirsin, sayı gözetmeden okumanı dilerim.

Allah zayıf olduğunu biliyor, ona göre de yükler veriyor. Mutlaka sen verilen imtihana karşı başa çıkabilecek güçtesin.

Şayet sıkıntılarla başa çıkamıyorsan nefsin sana olayları sürekli hatırlattığı içindir ve ben sana bu kitapla zaten birçok zihnini susturma tekniği paylaşıyorum. Bu teknikleri hayatına sok, bu teknikleri sevdiklerine de öner. Onların da huzurlarına vesile ol. Paylaştıkça sevginin hazzı tüm yüreğini sarsın ve sen ilahi bir huzurun içinde çiçek açmaya başla.

Kalpleri Ferahlatan Manevi Çalışma

Bu uygulamanın amacı kalbimizde huzur hissetmek içindir. Allah Kuran-ı Kerim'de biz kullarına şöyle buyuruyor:

"Ve yeşfi sudura kavmim müminine ve yüzhib gayza kulubihim." (Tevbe 14-15)

Meali: "Allah müminler topluluğunun kalplerini ferahlatsın, şifa versin, kalplerindeki ıstırabı gidersin."

Şimdi hazırsan uygulamaya geçelim.

İçimizden bir kez "Estağfurullah" çekelim. Sağ elini kalbinin üzerine koymanı isterim ve şimdi üç defa tekrarla:

"Bismillahirrahmanirrahim ve yeşfi sudura kavmim müminine ve yüzhib gayza kulubihim."

"Bismillahirrahmanirrahim ve yeşfi sudura kavmim müminine ve yüzhib gayza kulubihim."

"Bismillahirrahmanirrahim ve yeşfi sudura kavmim müminine ve yüzhib gayza kulubihim."

Bu çalışmayı sabah ve akşam yahut da stresli bir anında yapabilirsin.

Soru-Cevap

Hocam sürekli aklımda olumsuz senaryolar var. Başıma hep korktuklarım geliyor. Hep en kötüsünü düşünüyorum. Bunlardan nasıl kurtulabilirim?

Öncelikle tekrar hatırlatmak isterim ki, bunları kendin kurmuyorsun. Nefsin zihnine bu senaryoları, olumsuz düşünceleri getiriyor. Ben düşünüyorum dersen hiçbir şey çözemezsin çünkü sen vesvese veremezsin! Sen vesveseden rahatsız olansın. Konuşan içindeki nefsin, duyan ise sensin. Çözüm için ilk adım bunu idrak etmendir.

Bunun iyice farkında olmanı isterim. Nefsinin seni düşündürdüğü şey başına geliyor, çünkü sen ona ihtimal veriyorsun. O seni bir zanna sokuyor, sen ise bu zanna ihtimal veriyorsun. Mesela nefsin seni hiç mutlu olamayacağına dair bir zanna soktuğunda hemen umutsuz bir psikolojiye giriyorsun. Oysa senin mutlu olup olamayacağını sadece Allah bilir. Olacakları nefsin değil Allah bilir. Allah sana bu konuda vahiy vermez. O halde sorun nedir?

Sorun nefsinin sana aklı sıra kendince vahiy vermesidir. Şeytanın aklına gelecekle ilgili bilgiler sokmasıdır, şeytan asla buna muktedir değildir, ama sen şeytanın aklına getirdiklerine yine de inanıyorsun ve kaygıya kapılıyorsun.

Ve şeytanı asla kovma. Onunla bir savaş içine girme. Yoksa o senin enerjinden beslenerek güçlü hale gelir.

***

Hikâyeyi dinle:

Horasan'dan hacca giden bir genç, memleketine dönerken, yolda karşılaştığı bir âlimden hikmetli sözler öğrenir. Ayrılacağı sırada bu zat ona sorar: "Sana, öğrendiğin sözlerden daha değerli bir şey öğreteyim mi?"

Genç, "Buyurun efendim" der.

Âlim sorar: "Sizin Horasan diyarında İblis bulunur mu? Size vesvese verdiği olur mu?"

Genç, "Evet!" der.

Âlim tekrar sorar: "Peki, şeytan vesvese verince ne yaparsınız?"

Horasanlı "Onu kovarız!" cevabını verince âlim şöyle nasihat eder: "Şeytan, köpeğe benzer. Onunla uğraşmak için boşuna zaman harcamayın. Nasıl ki, bir yolcuya köpek havlarsa, yolcu hemen köpeğin sahibini bulur, köpeği kendisinden uzaklaştırmasını isterse, siz de köpekle uğraşmayın, sahibiyle irtibata geçin. Şeytanla uğraşacağınıza Allah'a sığının. O size kâfidir."

Bu konuda Allah da bize Kuran'da kendisine sığınmamızı öğretiyor. Şimdi seninle paylaşacağım bu ayetleri de sayısız zikret. Bunu zikrederken Allah'ın seni koruduğunu ve zihninin bir anda sustuğunu, artık koruma altında olduğunu düşle.

> *"Bismillahirrahmanirrahim. Ve imma yenzeganneke mineş şeytani nezgun festeiz billah innehu semiun alim."* (Fussilet 36 ve Araf 200)
>
> Meali: "Eğer, şeytanın fitnelemesi seni dürterse hemen Allah'a sığın. Çünkü O işitendir, bilendir."

En son kaygılarından söz ediyordum:

Şeytan seni bir zanna sokuyor ve sen "Ya bu başıma gelirse?" diyorsun.

O şey de başına geliyor. Bu yüzden böyle bir vesveseyi zihninde hissettiğin an "Estağfurullah ben bu niyete girmiyorum" diyerek bu kötü enerjinin oluşumunu hayata geçmesini boz.

Çünkü senin enerjin çok temiz, içinden ne geçirirsin o bir anda oluverir, Allah sana onu verir. Şeytan bunu bildiği için senin içinden hep en kötüsünü geçiriyor. Seni bir niyete sokuyor. Olumsuz bir niyet... Bu yüzden niyetini bozma. Daima uyanık ol. Şeytan her an tetikte bekleyen bir düşmandır. Senin farkında oluşun onu etkisiz kılar. Sana gelip de, beni eskisi gibi dinler misin, sana gelecekle ilgili senaryolar yazacağım yine bana inanır mısın? Demez.

Hayır, sen farkında olursan o sana gelip bunu diyemez. Şimdi bu insan uyandı, ne diye vakit kaybedeyim!

Evet, o melun tamamen bu moda girer.

Güzel bir hikâye vardır, dinle:

Oldukça fakir bir hayata sahip adam, tüm zamanını ve enerjisini yalnızca o anda önünde ne varsa ona harcar. Bir gün, adam uykuya dalar ve ruhu dolaşmaya başlar. Hayattayken böyle bir şeyin olması kesinlikle mümkün değildir ancak o sırada doğal şeylerin düzeninde bir hata vardır. Böylelikle ruhu, bu dünyanın ötesindeki dünyaya ulaşır.

Aniden adamın ruhu devamı birçok yöne ayrılmış bir noktaya varır. Hangi yolu seçeceğini bilemez, bu yüzden kendisine en yakın olanı seçer. Her ne kadar bilmese de, akıllıca bir seçim yapmıştır. Takip ettiği yol onu doğrudan cennete ulaştırır.

Adam cennete geldiğinde, büyülü bahçede karşısına çıkan her şeye hayran kalır. Bütün hepsi çok güzeldir, ama adam cennette olduğunu bilmez. Sonuç olarak, sıradan bir yerdeymiş gibi davranır. Yorgun hissedene kadar bir süre yürür. Bir süre sonra uyumaya karar verir. Farkında olmadan, dilek ağaçlarından birinin dibine kıvrılıp yatar. Rahatladıktan sonra da derin bir uykuya dalar.

Uyandığında, ne kadar aç olduğunun farkına varır, bu yüzden "Yiyecek lezzetli bir şeyler olsun çok isterdim, karnım çok aç" der. Çok büyük bir şaşkınlık içerisindeyken, en lezzetli yiyeceklerin gözlerinin önüne serildiğini görür. Bunun nasıl olabileceği hakkında hiç düşünmeden, yemeye başlar. Aklındaki tek şey karnını doldurmaktır.

Yemek yemeyi bitirdiğinde çok susamıştır. Sonra, yüksek sesle, "Bir şeyler içmek istiyorum, çok susadım" der. En lezzetli içecekler önüne serildiği anda cümlesini daha yeni bitirmiştir. Bunları hemen içer. Açlığı ve susuzluğu geçtiği anda olanların hiç de normal olmadığının farkına varır.

Adam korkuyordur. Der ki: "Ben rüya mı görüyorum yoksa hayaletler bana bir oyun mu oynuyor?"

Bunu söylediği anda, dilek ağacı adamın söylediklerini gerçekleştirir. Aniden, çok sayıda hayalet ortaya çıkar ve onunla oyun oynamaya, dalga geçmeye başlar. Adam çok korkmuştur. Gerçekten düşünmeden, der ki: "Bunlar çok korkunç! Kesinlikle beni öldürecekler!"

Tahmin edebileceğiniz gibi, hayaletler adamı öldürür.

İşte hayat da bir dilek ağacı gibidir, sen niyet edersen karşına o çıkacaktır. Bu yüzden ben senin niyetini bozmadan daha farkında, uyanık bir şekilde yaşamanı diliyorum.

Yine vesvese konusunda çok önemli bir şeyi sana anlatmak isterim. Sen şeytanı daima kovdun, ancak bu kovma olayı seni rahatsız ettiği içindi. Senin ruh sağlığını, psikolojini etkilediği için onu kovuyordun. Fakat sen kovdukça şeytan daha çok geliyor değil mi? Neden?

Kıssayı iyi dinle lütfen:

Büyüklerden bir zat, Cüneyd-i Bağdadi (rahmetullahi aleyh) hazretlerinin yanına gelmişti. Şeytanın, onun yanından hızla kaçtığını gördü. O kimse Cüneyd-i Bağdadi'nin yanına yaklaşınca, yüz hallerinden, onun çok öfkelenmiş olduğunu anlayıp, sordu: "Ey Cüneyd! Biz biliyoruz ki, insan öfkelenince şeytan ona yaklaşır. Fakat görüyorum ki, bu kadar fazla öfkelenmiş olduğunuz halde, şeytan sizden kaçıyor. Bunun hikmeti nedir?"

Cüneyd-i Bağdadi hazretleri, "Sen bilmez misin ki, biz kendi nefsimiz için kızmayız? Başkaları, nefisleri için kızarlar. Bunun için de şeytan kendilerine musallat olur. Bizim kızmamız, hep Allah için olduğundan, şeytan bizden kızdığımız zaman kaçtığı gibi başka hiçbir zaman kaçmaz" buyurdu.

Evet, belki sen de o melunu hiçbir zaman Allah için kovmadın. Kendin için kovdun. Bu yüzden zihninde bir vesvese belirirse içindeki nefsine kız, şeytanlaşmış nefsine şöyle de (bunu yüksek sesle söyle, kızarcasına bir ses tonu ile):

"Ey Allah'ın rahmetinden kovulmuş âciz ve çaresiz bir o kadar da güçsüz mahluk. Allah'ın düşmanı benim de düşmanımdır."

Bu kadar. Onu kovma, ona git deme, sadece ona kız. Tekrar söylüyorum, sen daha önce onu kovarak kendi gücünü ona veriyordun. Artık içinde muazzam bir rahatlık olacaktır.

Çünkü sen daha önce kendin için ona kızıyordun, şimdi ise Allah için kızıyorsun.

Korku-Panik-Vesvese Duası

Eğer sana şeytandan bir kuşku, gelecek ile ilgili senaryo yani vesvese isabet ederse şeytanı hemen Rabb'ine şikâyet et ve de ki:

"Ey beni yoktan var eden, sonra da beni doyuran, suyumu, şifamı veren Allahım. Şeytan beni yoruyor, senin El-Mani ve El-Hafız esmana sığınırım."

Beynimizde Mutluluk Oluşturan Çalışma

Bu çalışmamız da yine Rahmani Nefes'e benzer bir uygulamadır.

Burada "La ilahe illallah" zikri yapılır. Bu zikrin özelliği dilin üst damağına beş kez değmesidir. Dilin damağa değdiği o nokta beyinde mutluluk kimyasallarını harekete geçirir. Bu da Allah'ın bir mucizesidir. Bu yüzden "La ilahe illallah" zikri çok farklı bir özellik taşır.

Bu zikir için Efendimiz (sav) "Zikirlerin en faziletlisidir" buyurmuştur. (Tirmizi, *Daavât* 9)

Uygulama şöyledir:

Önce derin nefes alalım. Nefesini tutarken, kısık bir ses ile üç kez "La ilahe illallah" diye zikretmeni isterim ve sonrasında tuttuğun nefesi geri bırak. Zikrederken dilinin damağına değdiğini fark edeceksin. Uygulamayı bu şekilde yedi kez yaptığında Allah'ın izniyle hem zihnin boşalacak hem de tatlı bir huzur hissedeceksin.

Uygulamayı devamlı yapabilirsin. Bu uygulamayı hayatına soktuğunda kısa bir süre sonra duygularında iyileşme ve huzur hissetmeye başlayacağına inanıyorum.

Dert ile kavga etme. Onu kovma. Onunla güzelce konuş. O bir misafirdir, zaten sende fazla kalmayacaktır. Sadece onu dinle, o konuşsun, buna asla engel olma. Bir anda içinde bulunan huzur tohumları çiçek vermeye başlar.

Mutlu insanlar başkalarının sözlerini
kafasına takmayan insanlardır.
Halk ne der düşüncesinden çıkarak
Hak ne der diye düşünen mutlu olur.

Üç Dakika Tekniği

Bu teknik zihni ve nefsi şaşırtmak adınadır. Alışagelmiş bir davranıştan yeni öğretiye geçiş her zaman zihni şaşırtır. Nefsimiz hoşlanmadığı her olayı ve sahneyi kayıt tutar ve o olayı bize defalarca hatırlatır. İçinden sana devamlı fısıltı vermeye başlar. Sen ise bu fısıltı karşısında zincirleme düşüncelere dalarsın. Bir anda kendini geçmişte ya da gelecekte bulduğun çok olmuştur.

Peki şimdi ne yapmalı?

Üç Dakika Tekniği Uygulaması

Seni yoran bir düşünce zihninde oluştuğunda hemen nefsine üç dakika boyunca sabredeceğini söyle. Nefsine de ki: "Şimdi bu duruma kızmıyorum. Bunu yapmayacağım.

Ben dilersem kızarım ama senin isteğini beni doldurman ile kızmayacağım. Fakat bana üç dakika sonra bu olayı hatırlatabilirsin! Tam üç dakika sonra zihnimi kemirebilirsin."

Bir anda zihin susmaya başlar. Senden böyle bir davranış beklemiyordur. Nefsin burada tamamen donakalır: "Şimdi bu adam ne yapmaya çalışıyor?" der. Nefsin tamamen donuklaşır.

Ve üç dakika sonra göreceksin ki zihninde hiçbir düşünce kalmamış. Bunu araba kullanırken de yapabilirsin, yolda birisi canını sıktı hemen nefsine dön ve onun seni doldurduğunu fark et. Ona şöyle de: "Şu an kızmıyorum, sabrediyorum bana üç dakika sonra gel!"

Ve yine canını ailenden biri sıkmış olabilir, hemen nefsine dön ve onunla konuş. Nefsin içsel sesindir, ona şöyle de: "Bak yine az önceki olayı kayıt tuttun ve beni doldurmaya başlıyorsun ama bana üç dakika sonra gel seni kabul edeceğim. Seni seve seve dinleyeceğim; fakat şimdi başka işim var. Seninle ilgilenemem."

Nefsini şaşırt, uyan, koşullanmış bir varlık olarak yaşıyorsun, senin artık uyanmaya ihtiyacın var. Bu öğretileri yaptığında huzur ortaya çıkar. Artık nefis seni ele alamaz. İpler senin elindedir.

Soru-Cevap

Hocam çevremde artık o kadar az insan var ki, sizin de dediğiniz gibi az insan çok huzur şeklinde yaşıyorum. Kimseye güvenim kalmadı. Ancak bazen bu durum beni üzüyor. Acaba ben nerede yanlış yapıyorum?

Seni çok iyi anlıyorum, çünkü ahir zamandayız. Eskisi gibi menfaatsiz dostluklar yok denecek kadar azaldı. Bu yüzden Allah'tan başka dost yoktur diye Rabbimiz biri Kuran-ı Kerim'de birçok kez aslında uyarıyor. O halde bizim bu uyarıya dikkat etmemiz gerekir öyle değil mi?

Bir gün Mevlana Celaleddin-i Rumi, birkaç talebesiyle birlikte Şeyh Selahaddin-i Zerkub'un dükkânında oturmuştu. Birdenbire ihtiyar bir adam göğsünü döverek, ağlayıp sızlayarak içeri girdi; Mevlana'nın ayağına kapandı, hüngür hüngür ağladı ve "Yedi yaşında bir çocukcağızım vardı. Onu çaldılar. Kaç gündür aramaktan dermansız bir hale geldim; ama yine de onu bulamadım" dedi. Bunun üzerine Mevlana büyük bir hiddetle, "Tuhaf şey, bütün varlıklar Allah'ı kaybetmişler, onu hiç aramıyor ve onun için de bir istekte bulunmuyorlar. Ne göğüslerini, ne de başlarını dövüyorlar. Sana ne oldu da göğsünü dövüyorsun? Senin gibi bir ihtiyar kendi çocukcağızının hasretiyle harap ve rüsva oluyor. Neden bir an Allah'ı anmıyor ve imdat istemiyorsun ki kaybolmuş Yusuf'unu Yakup gibi bulasın" buyurdu.

Çaresiz kalan ihtiyar derhal tövbe istiğfar etti ve göğsünü kapamaya başladı. Tam bu sırada onun kaybolan çocuğunun bulunduğu haberini getirdiler.

***

İşte böyle, senin önce Allah'ı istemen gerekir. Allah seninleyse şayet her şey senindir, her şeyin vardır, Allah'a biraz uzaksındır o zaman, aslında hiçbir şeyin yoktur. Anlıyor musun?

Ve insanlar öfkelidir, sana öfkesini kusabilir. Seni kırabilir.

Sana hakaret edebilir... Bu çok olağandır, Allah asla bunu sana yapmaz.

Aklıma sevdiğim bir kıssa geldi:

Vaktiyle bütün gününü Cenab-ı Hakk'a ibadet ile geçiren birisi, zamanın hükümdarına methedilmişti. Onunla sohbet arkadaşı olması tavsiye edilmişti. Hükümdar, methini işittiği o Allah dostunu sarayına çağırtarak kendisiyle sohbet arkadaşı olmasını rica etti. Bu zat hükümdara şöyle cevap verdi:

"Ey hükümdar, bu isteğin güzel! Ancak olur ya, yanlış bir iş yapsam beni affeder misin? Yoksa hemen cezalandırır mısın?"

"Ne gibi bir yanlışın olabilir?"

"Mesela bir gün sarayına geldiğinde beni istemediğin bir işi yaparken görsen ne yaparsın?"

Onun bu sözüne şiddetle öfkelenen hükümdar, "Bana böyle şeyler söylemeye nasıl cüret edersin?" diye bağırdı.

Bunun üzerine o zat da şöyle dedi: "Benim Kerim bir Rabbim var. O derece Kerim, o derece cömert ki, aynı günde bende yetmiş günah birden görse, benim sahibim yine de öfkelenmez, beni kapısından kovmaz, nimetinden mahrum etmez. Böyle bir durumda ben O'nun kapısından nasıl ayrılayım da, henüz bir suç bile işlememişken bana öfkelenen birisinin kapısına geleyim? Ben henüz bir suç işlemeden bana böyle kızan birisi acaba suç işlemiş olduğum zaman ne yapar?"

Bu yüzden senin öncelikle tüm kalbinle Allah'a yönelmenden yanayım.

O senin karşına razı olduğu kulları çıkaracaktır, ama önce senin O'na teslim olman gerekir. O'ndan başka Aşk tanımaman gerekir. Elbet az da olsa öz arkadaşların olacaktır. Burada dikkat etmen gereken o arkadaşlarının fıtratında iyilik olsun, senin hatan olduğunda bile bunu güzelce anlatan bir arkadaş gerçek arkadaştır. Mevlana hazretleri buyurmuş, "Güzel bakmak sevaptır" diye.

Bir adam halkın huzurunda Hazret-i Ali'ye (ra) şöyle seslendi: "Ya Ali! Sen şu hususlarda hatalı hareket ettin. Bunu ispat edebilirim."

Hazret-i Ali (ra) bu adama şöyle cevap verdi: "Bana nasihat edip eksiklerimi doğrultacak, hatalarımı düzelteceksen, bunu ikimizin arasında kimsenin bulunmadığı bir yerde yap. Zira hatalarımı düzeltirken ne ben kendi nefsimden ne de sen kendi nefsinden halkın huzurunda emin olamayız.

Sen Ali'nin hatasını ispat ettim diye gururlanabilir, ben de kusurlarım ispat edildi diye darılmış olabilirim. Bu hal ise ikimiz için de hayırlı olmaz. En iyisi; bana yapacağın nasihati halkın huzurunda değil, Hakk'ın huzurunda yap. Hata düzeltirken bir hata da sen yapma."

Arkadaşlık bu kadar ince bir çizgidir. O çizgiyi bozarsan yahut kaçırırsan bütün dengeler bozulur. Ve dikkat etmen gereken bir konu da, karşındaki insanın içinde kibir olmamasıdır. Kibirli insan seni yorar, sana nazar ve haset eder. Bütün dengen ve ruh sağlığın bir anda bozulabilir.

Kimseye güvenim kalmadı diyorsun. Kendini yine de bu konuda çok etiketleme. Geçmişte yaşadıklarını gelecekte de yaşayacaksın anlamına gelmez. Ancak sen sürekli kimseye güvenmiyorum, kime iyiliğim olsa kötülük bulurum gibi bilinçte yaşarsan bu söylemlerin senin kaderin olmaya başlar. Bunu çok zikretme. Allah'tan sevdiği, razı olduğu kulları iste. Ama kibirli birini görürsen de hemen yanından uzaklaş. O insan harika biri de olabilir, sana çok yardımı da dokunmuş olabilir ama keramet sahibi de olsa kibir insanın bütün amellerini yok eder, tıpkı şeytanın ettiği gibi!

Dinle:

Fatih Sultan Mehmed Han İstanbul'u fethettiği zaman, hocası Akşemseddin hazretlerine, cuma namazını Ayasofya'da kılmak istediğini ve hocasına kendisinin imam olmasını söyler. Ayasofya'yı cami yapmak için seferber olunur. Cuma gününe cami yetiştirilir, cemaat namaza başladığı sırada Fatih Sultan Mehmed Han'ın abdesti kaçar.

Tabii sultanın yanında da rasgele insanlar olmaz. Sağında ve solunda da en büyük hocalar, şeyh efendiler saf tutarlar. Kamet getirilir, imam "Allahüekber" der. Fatih Sultan Mehmed Han, ne yapacağını şaşırır. Abdestsiz namaz kılınmaz. Abdest almaya çıksa izdiham olacak... Namaz kılar gibi eğilip kalksa, cumadan mahrum kalacak. "Ya Rabbi, ben ne yapayım şimdi?" derken, yanındaki bir şeyh efendi firasetiyle vaziyeti anlar. Cüppesini açar, "Buradan abdest al" der. Sultan bakar ki, çeşme var, su var. Acele olarak abdestini alır ve rükûa varmadan önce imama yetişir. Namaz biter, selam verilir, dualar yapılır.

Ertesi gün Fatih Sultan Mehmed Han, hocası Akşemseddin hazretlerini ziyarete gider. Ayrılırken, "Hocam dua buyurun" der. O da, "Allah iman selameti versin" der.

Daha uzun dua bekleyen Fatih Sultan Mehmed Han, şaşırıp kalır. Hocası sorar:

"Ne oldu, beğenmedin mi?"

"Bu kadar mı efendim?"

"Evladım yetmez mi? En kıymetli dua budur. Dün sana cüppesini açıp abdest aldıran şeyh, bir saat önce öldü; ama imansız gitti; çünkü bu kerametinden dolayı ona kibir geldi."

Manevi Rahatlama-Şükür-Teşekkür

Evet, ruhuna iyi gelecek şeyleri az yaptığın için stres, yorgunluk ve bazen çökkünlük yaşıyorsun. Dilimiz şükürden çok şikâyete alışmış. Dertleri konuştukça değil Allah'a havale ettikçe rahatlar insan. Buradaki konuşmaktan kastım bir uzman yardımı esnasındaki sıkıntını paylaşman değil. Yakın arkadaş, dost vb. insanlara anlattığın her dert daha da büyür ve seni rıza makamından uzaklaştırır. Neden? O derdi vereni farkında olmadan şikâyet ettiğimiz için...

Bize adeta ilaç olacak olan şey ise şükürdür. Birazdan tüm organlarımız ile konuşup onlara teşekkür ve Allah'a şükredeceğiz. Böylece ruhumuz manevi doyuma ulaşmaya başlayacaktır. Ayağı kırılan bir tanıdığım vardı. Ve bu insan sürekli kırık ayağı ile konuşurdu! Şöyle dediğini biliyorum: "Sol ayağım sen de iyileşeceksin ve diğer ayağım gibi olacaksın. Ben senin kıymetini şimdi daha iyi anlıyorum. Senin hızla ve Allah'ın izniyle iyileşeceğini biliyorum."

Evet, ayağı ile konuşan bir insan ayağına teşekkür de edebilir. Peki, bu uygulamayı nasıl yapacağız?

Birazdan tek tek organlarımıza teşekkür edeceğiz. Çeşitli sebepler ile göremeyen, duyamayan, eli, kolu, bacağı olmayan kardeşlerimiz olabilir, onlar da bu uygulamayı yaparken "Allahım senden razıyım" diyerek manevi huzura erebilirler.

Farkında mısın? Bizim için gece gündüz çalışan bunca organdan dünya koşturması sayesinde habersiz kalıyoruz. Bizden bir parça olan ve hayatımızı kolaylaştıran bu organlarımızın farkında olmadan yaşıyoruz. İnsanlardan teşekkür bekliyoruz, peki biz organlarımıza teşekkür ediyor muyuz?

Manevi Rahatlama-Şükür-Teşekkür Uygulaması

Tesiri ve hissetmen adına daha derinlik katması için bu uygulamayı sessiz bir ortamda yapmanı öneririm. Önce Allah'ın sana verdiği ruhu ve bahşettiği canını düşün ve Allah'a şükret. Sonra beynini düşün ve ona teşekkür et. "Beynim sana teşekkür ederim." Ve gözlerin... "Gözlerim sana teşekkür ederim..."

Onlarla konuşmaya devam et: "Ellerim ve kollarım size teşekkür ederim. Benim size ihtiyacım var ve hayatımı kolaylaştırdığınız için teşekkür ederim."

Bu konuda engelin varsa, "Allahım elim kolum olmayabilir, senin takdirine razıyım" demeni isterim. "Ayaklarım, sana teşekkür ederim. Sen de bana hayatı kolaylaştırıyorsun. Allahım sana şükürler olsun."

Eğer ayaklarımız konusunda imtihan içindeysek: "Allahım sana hamdolsun. Senin takdirine razıyım."

Sonra böbreklerin ile konuş ve onlara teşekkür et. Ciğerin ile konuş ve "Ciğerim sana teşekkür ederim" de. Ve kalbin. Kalbinle özel konuşmanı isterim: "Ey kalbim seni seviyorum. Senin Allah'a yönelmeni isterim. Sana teşekkür ederim. Allah sevgisini sende tecelli etsin kalbim. Allah seni sevdiği kulları ile buluştursun kalbim."

Böylece kalbine dua etmiş olursun. Onunlasın ama ondan ayrı yaşıyordun. Bu konuşma seni kalbinle hayata bakman için birebir etki sağlayacaktır. Kalbinle bütünleşmene vesile olacaktır. "Bağırsaklarım, size ne kadar teşekkür etsem az. Allahım bağırsaklarım için sana şükrederim. Midem, sana sonsuz teşekkür ederim. Benim için birçok sıcak ya da soğuk şeylere maruz kalıyorsun, neredeyse bütün gün çalışıyor ve hayatta kalmam adına yediklerimi sindiriyorsun. Sen de görevini layıkıyla yapıyorsun. Midem sana sonsuz teşekkür ediyorum. Allahım midem içinde sana sonsuz şükürler olsun."

Ve böbreklerin. "Böbreğim sana da sonsuz teşekkür ederim. Benim için yaptıklarının çoğu zaman farkında olmadan yaşıyorum ama sen benim en önemli organlarımdan birisin. Seni seviyorum. Sana sonsuz teşekkür ediyorum. Allahım böbreklerim için sana sonsuz şükürler olsun."

Bu uygulamayı devamlı yapmanı ve farkında olarak yaşamanı dilerim. Bu şükürler sana kısa bir süre sonra dinginlik, farkındalık ve mutluluk kapılarını Allah'ın izniyle sonuna kadar açacaktır.

Soru-Cevap

Hocam nişanlıyım, evlenmeyi düşünüyoruz ama hayat arkadaşım olacak insan hakkında yakınlarım olumsuz şeyler söylüyorlar. Ben ise o söyledikleri olumsuzlukları hiç nişanlımda görmüyorum, sizce neye dikkat etmem gerekir?

Aklıma Osmanlı zamanında yaşayan bir kadının hikâyesi geldi:

Osmanlı zamanında yaşlı bir kadıncağız duymuş ki, Hızır aleyhisselam, bazen yatsı namazında, Yeni Cami'de görülürmüş. Kendisi de zaten Hızır aleyhisselmı görmeyi öteden beri çok istermiş. Duyduğu söz üstüne ertesi gün kocasına durumu bildirip, yatsı namazına Yeni Cami'ye gitmiş. Namaz çıkışında, avluda bir kenara çekilmiş ve başlamış çıkanlara dikkatli dikkatli bakmaya. O, pürdikkat çıkanları takip ederken, karşısından bir yaşlı amca çıkagelmiş:

"Neye bakarsın hatun?"

"Dediler ki, bu camide her gece Hızır aleyhisselam görünürmüş. Onu görmeye geldim."

"Peki onu görsen nasıl tanıyacaksın?"

"Bilmem."

"O zaman buradan geçse, sen onu tanıyamazsın."

"Doğru, nasıl da akıl edemedim."

"Bak öyleyse, sana onu nasıl tanıyacağını öğreteyim."

"Olur."

"Arkamdaki camiyi görüyor musun?"

"Evet."

"Kandillerine bak. Söndü mü şimdi?"

"Aa! Evet, söndü."

"Şimdi bir daha bak, ışıklar tekrar yandı mı?"

"Baktım. Evet şimdi de yandı."

"Peki öyleyse. İşte aynı böyle, arkasında duran caminin ışıklarını olduğu yerden kıpırdamadan yakıp söndüren birisini görürsen, işte o Hızır'dır."

"Doğru mu?"

"Doğru."

"Hay Allah razı olsun" demiş ve kadın beklemeye devam etmiş. Fakat tabii herkes dağıldığı halde, tarife uygun kimse çıkmamış. Bizimki de mahzun eve dönmüş. Kocası sormuş:

"Gördün mü Hızır aleyhisselamı?"

"Yok, göremedim."

"Vah vah!"

"Olsun, göremedim ama, nasıl görülür çok iyi öğrendim..."

***

Seni çok iyi anlıyorum, çünkü Aşk böyledir. Aşk insanın gözlerine perde getirir ve gerçekleri göremeyebilirsin.

Aşk'ın böyle bir olumsuz etkisi vardır. Ve birçok insan bu konuda mustariptir. Peki, şimdi ne yapmalı?

Çevrende sana değer veren insanları yadırgamadan dinlesen bile sen Âşık'sın. Ve Aşk her zaman telafi eder. Aşk'ın böyle de bir özelliği vardır. "Hımmm... Bunu yaptı ama sinirliydi ondan yaptı. Yazık geçmişte kim bilir neler yaşadı da bunu yaptı. Babası yahut da annesi o daha küçük yaşlarda ölmüş onu da anlamak gerekir..." vb. gibi nefis daima Âşık olduğun insanı temize çıkaracaktır.

Aşk nefsin işidir. Sevgi kalbin. Bunu daima anımsa. Şayet sen nefisle bir yola çıkarsan nefis seni yarı yolda bırakacaktır. Bu yüzden ben sana onunla devam et yahut da bırak diyemem. Ancak seni en iyi bilene yönlendirebilirim.

Sakın ben bu konuda aşkıma güveniyorum deme, senin Allah'a güvenmen, tevekkül etmen gerekir. Aşk her an seni yarı yolda bırakabilir!

İmam-ı Şatıbi (ra) hazretleri anlatır:

Mağrib'de evliyadan bir zatın huzuruna şehrin en zenginlerinden biri geldi ve "Ben hacca gitmek istiyorum. Bunun için üç yüz altın ayırdım. Acaba bu para rahatlıkla hacca gidip gelmem için kâfi gelir mi?" diye sordu.

Mübarek zat, "Hayır, kâfi gelmez" buyurdu. Bunun üzerine, adam, "Peki, öyleyse biraz daha altın ayırayım" dedi.

Adam gittikten biraz sonra fakir bir derviş geldi:

"Allah-ü Teâlâ nasip ederse hacca gitmek istiyorum. Ne buyurursunuz?" dedi.

O zat, "Yolun açık olsun. Bizden de selam götür; dua et" dedi, sonra da kucaklaşıp vedalaştılar.

Talebelerinden biri mübarek zata, "Efendim, tüccar geldiğinde hac için üç yüz altın yetmez dediniz. Bu dervişin ise belki bir altını bile yok ama ona yolun açık olsun dediniz."

Mübarek zat şu cevabı verdi: "Çünkü tüccar, parasına güveniyordu. Onun üç yüz altınının yetip yetmeyeceğini bilemem. Ama derviş, 'Allah-ü Teâlâ nasip ederse' diyerek yola koyulmuş. Allah-ü Teâlâ'ya tevekkül ettiği için yolda kalmaz."

Bu yüzden ben sana Aşk'a güvenme diyorum.

Çok dua et. "Allahım..." de. "Habir esman hürmetine bana hayatımdaki insanın içyüzünü göster. Şayet bu insan yapmayı düşündüğüm bu iş, benim dinim, dünyam ve geleceğim açısından hayırlı olacaksa, bu işi benim hakkımda takdir buyur, onu bana kolaylaştır, uğurlu ve bereketli eyle. Yok eğer benim dinim, dünyam ve geleceğim için kötü ise, onu benden, beni ondan uzaklaştır. Ve hayırlı olan her ne ise sen onu takdir et ve beni hoşnut ve mutlu eyle!"

Bu dua istihare duasıdır. İstihare namazı kılıp da bu duayı Allah'a arz etmeni öneririm. Çünkü olacakları tek bilen Allah'tır ve sen O'na danıştığında sana yeterli cevabı verecektir.

Tüm bunları yaptığında zihnin bu konuda susmaya başlar. Artık sen derdini ve kararsızlığını yüce Allah'a sundun. Bundan sonra nefsin seni bu konuda rahatsız edemez.

Allahım benim
hayır diye ettiğim
ama özünde şer olan,
bana zararı dokunacak
kendi duamdan da
sana sığınırım.

Seni yoran insanlar olacaktır.
İyilik ederek nankörlük gördüğün
insanlar ile karşılaşacaksın. Sakın kula,
kişilere odaklanma. Nefsin seni o kişilere
odaklayarak mutsuz etmek ister.

İçindeki sese şöyle de:
"Beni imtihan eden Allah'tır.
Kul bu imtihanımda sadece sebep, piyondur!"

Bu Hak gözüyle bakış,
zihnini susturmana vesiledir.

Kalpleri Birleştiren,
Sevgi Bağını Güçlendiren Öğreti

Hayatında hep olmasını istediğin, sadece ölümün sizi ayıracağını bildiğin ama onun dışında hep yaşamında kalbinde yanında olmasını istediğin insanlar mutlaka vardır. Bu eşin olabilir, annen yahut da baban... Kardeşin de olabilir...

İşte bu öğreti sizi ve kalplerinizi kırgınlık olmadan hep bir arada tutmaya vesile olacak bir öğretidir.

Bu öğreti aslında bir dua üzerine kuruludur. Allah-ü Teâlâ her daim Peygamber Efendimiz Hz Muhammed'i (sav) kendi adıyla birlikte anmıştır. Kelime-i Şahadet getirirken "Muhammed Allah'ın kulu ve Resulü" buyurmuştur. Kuran'da Rabbimiz, *"Şüphesiz Allah ve melekleri Peygamber'e salat ediyorlar. Ey iman edenler! Siz de ona salat edin, selam edin"* buyuruyor. (Azhab 33/56)

Gördüğün gibi yüce Allah Muhammed (sav) ismini hep anmış ve kendi isminden ayrı tutmamıştır.

"La ilahe illallah, Muhammedun Resulullah" kelime-i tevhidinde yine Allah ile Muhammed (sav) bir aradadır.

Camiye girdiğinde her caminin mihrabında sağ köşede Allah solda ise Muhammed lafzı vardır, öyle değil mi?

Görüyor musun? Allah ile Muhammed hep yan yana. Daima birlikte. Yine Kuran'da, *"Allah'a ve Resul'üne itaat edin!"* (Enfal 20) diye Allah buyurmaktadır.

"Resule itaat eden, Allah'a itaat etmiş olur." (Nisa 80)

Devam edelim ki iyice kalbimiz alışsın, sonra da uygulamaya geçeceğiz:

"Allah ve Resul'üne itaat eden cennete, isyan eden cehenneme gider." (Nisa 13, 14)

"Allah'a ve Resul'üne karşı gelen, apaçık bir sapıklıktadır." (Ahzab 36)

"Allah'a ve Resul'üne karşı gelen, bilsin ki, Allah'ın azabı çok şiddetlidir." (Enfal 13)

"Resulümün verdiğini alın, yasakladığından da sakının!" (Haşr 7)

"O (Resulüm) vahiyden başkasını söylemez." (Necm 3, 4)

İşte yüce Allah Peygamber'ini (sav) kendinden ayrı tutmamıştır. Peki şimdi kalplerimizi nasıl birleştireceğiz?

Bu arada bu ayetleri seninle paylaşırken aklıma bizi karalamak için atılan bir iftira geldi. Bizim için birkaç okurum kitaplarımızı tavsiye ettiğinde onun deist [Peygamber'e (sav) inanmayan] olduğunu duyduk diye karşılık vermişler. Oysa bütün kitaplarımızda Efendimiz'den (sav), onun hadis ve menkıbelerinden o kadar çok söz ediyorum ki Peygamber'e (sav) inanmayan bir insan neden kitaplarında ondan söz etsin?

Bu cevabı seninle de paylaşmak isterim. Olur da sen de tavsiye eder böyle bir karşılık alırsan şeytanın o arkadaşını kandırmak için elinden geleni yaptığını hatırla ve bu dediğimi paylaş. Böylece o kişi de suizan ederek bizim günahımıza girmemiş olur. Amacım benim hakkımda ne düşündükleri değil, amacım bana suizan ederek günaha girmemeleridir. Anlıyor musun?

Şimdi uygulamamızı yapalım mı?

Kalpleri Birleştiren Uygulama

Hayatında hep olmasını istediğin insanın yanından ayrılırken, örneğin evden dışarı işe gitmek için çıkarken ona "La ilahe illallah" demeni istiyorum. O da sana "Muhammeden Resulullah" dediğinde Allah sizin kalplerinizi iyice birbirine bağlar.

Kalpleri birbirine bağlayan, ısındıran Allah'tır çünkü.

O halde ne yapıyormuşuz? Sevdiğimiz birini yolcu ederken, bu evladımız da olabilir, biz "La ilahe illallah" diyoruz o da bizim yüzümüze dönerek "Muhammeden Resulullah" diyor.

Bir süre sonra aranızdaki sevgi bağının güçlendiğini hissedeceksiniz Allah'ın izniyle.

Nasibin yola çıktı ve
Allah'ın yazdığı tarihi
bekliyor sana kavuşmak için...
Nasibine kavuştuğunda şükret,
gecikiyorsa hamd et.

Halife Olduğunu İdrak Ederek Ruhunu Huzura Erdir ve Zihnini Sustur

Peki, nedir bu halifelik?

Halife, "halefe" fiilinden türemiştir ve birini temsil etmek, yetkilerini kullanmak anlamındadır. Halifeden aslında *Allah Sizin Sahibinizdir* kitabımızda uzun uzun söz etmiştik. Burada da çok kısa söz etmek istiyorum ki çalışmayı ona göre yapalım.

Halife, Allah'ın bir nevi yeryüzündeki temsilcisidir. Nitekim Allah Enam Suresi 165'te şöyle buyurur:

> *"Sizi yeryüzünün halifeleri kılan, size verdiği nimetler hususunda sizi denemek için kiminizi kiminizle derecelerle üstün kılan O'dur."*

Yine Fatır Suresi 39'da, *"Sizi yeryüzünde halifeler yapan O'dur"* buyurmaktadır Rabbimiz.

Evet Allah bizleri hem kendisine kulluk edelim hem de O'nun yarattıklarının ihtiyacını karşılamada vesile olalım diye yarattı. Örneğin kuluna yardım eden sadece Allah'tır ve bir başka kuluyla mağdur kuluna yardım eder. O yardım eden kulun üzerinde işte Allah'ın Vekil esması ayine olur, tecelli eder. Bu yüzden bir kul başka bir kula yardım ettiğinde "Ben yardım ettim" dememeli. Şayet bunu dersen yardımı kendinden bilmiş olacaksın. Bir süre sonra kalbin sıkılmaya başlar, ruhun daralır.

Neden? Çünkü sen Allah ile arana benlik koydun, Allah'ın bir nevi yardımcısı iken yardımı kendin üstlendin. Mesela ben kitap yazdım demem. Allah'ın Âlim esması tecelli etti yazdırıldım derim. Böylece ilmi kendimden nefsimden bilmemiş olurum, bu da ruhuma muazzam bir huzur getirir.

Şimdi zihnimizi susturmak adına bu halifelik öğretisini nefsimize de öğretelim ki hem ruhumuz huzur bulsun hem de zihnimiz susuversin. İçimizde bize hep olumsuz sözler fısıldayan nefsimiz ile biz konuşmaya başlıyoruz.

Halifelik Uygulaması

Nefsim, biz Halife'yiz. Allah bazen kendi bazen de bizim aracılığımız ile yeryüzündeki canlılara ulaşıyor. Halife olduğumu kabul ediyorum. Allah'a beni halife kıldığı ve bu görevi verdiği için sonsuz şükür ediyorum.

Allah'ı yeryüzünde temsil etmek benim sorumluluğumda ve bilincimdedir. Ben Allah'ın yardımına vesile olan bir Halife'yim. Birine yardım ettiğimde, Allah'ın yardımına vesile oldum, O benim kutsal ruhum aracılığı ile yardım etti demeye söz veriyorum.

Eve erzak getirdiğimde, yahut da bir ortamda yemek yedikten sonra o yemeği kendi cebimden ödenmiş bilmeyerek "Size gelen her rızık Allah'tandır" (Nahl 53) ayetini daima aklımda tutarak hareket edeceğime söz veriyorum.

Tüm insanları Halife olarak görüyorum ve bana zararları olsa bile onlara kızmıyorum. Halife olduğunun farkında olmayan insanlara da bu hakikatin farkına varmaları için dua ediyorum.

Ben bir halifeyim, Allah'ın yeryüzündeki temsilcisiyim. Değerli ve özelim.

Başına bir imtihan geldiğinde,
Allah yolunda yorulmaya razıyım de.
Melekler bile sana hayranlıkla bakarlar,
çünkü onlarda nefis ve yorgunluk yoktur.
Olsa belki de senin gibi dayanamazlar!
İşte bu yüzden sen Allah katında
en değerli olan varlıksın.

Sihirli Kelime ile Zihni Bir Anda Sustur

Şimdi seninle çok özel bir kelime paylaşacağım. Bu öğreti de tıpkı Üç Kelime tekniğine benzer bir öğretidir. Ancak bu sihirli kelime zihnini bir anda durdurduğunda sen de olacaklara şaşıracaksın.

Nefsimizden gelen yoğun düşünceler zihnimize ulaşıyor ve bizi fazlası ile yoruyordu. Bizim de amacımız neydi? Bu sesleri susturmak. Şimdi senin hatanı söylemek isterim!

Senin tek hatan, nefsin sana düşünce verdiğinde düşünceye odaklanıyor ve o düşüncenin içinde adeta boğuluyordun. Bizim düşünce ile, nefsin bize hatırlattığı konu ile hiçbir işimiz olmasın. O düşünceyi sana veren nefsindi, yani geri planda kim vardı? Nefsimiz...

Öyle ise düşünce denen yem tuzağına hiç bulaşmadan biz nefsimize şu sihirli kelime ile cevap veriyoruz:

Hazır mısın?

Sihirli Kelime Tekniği Uygulaması

Zihnin her zaman olduğu gibi düşüncelerle dolduğunu fark ettiğinde içindeki nefsine şu soruyu sormanı istiyorum:

"Peki, başka ne anlatmak istersin?"

Şimdi içindeki sese kulak ver bakalım konulabiliyor mu? Sustuğunu, hatta afallaştığını fark edeceksin. Tekrar o sihirli soruyu soruyoruz şimdi:

"Peki, başka ne anlatmak istersin?"

Zihninde koca bir boşluk oldu öyle değil mi? Şimdi derin bir nefes al ve zikret: "La ilahe illallah."

Ve tekrar soruyoruz o sihirli kelime ile:

"Peki, başka ne anlatmak istersin?"

Evet, artık zihnin tamamen donmuş olmalı. Bu tekniği her düşünce geldiğinde yapmanı istiyorum, bir süre sonra aklına seni üzen o konu gelmeyecektir. Bu rahatlama için de Allah'a şükredelim olur mu?

Soru-Cevap

Hocam ben neye el atsam kuruyor adeta. Kısmetim kapalı, hiçbir işim yolunda gitmiyor. Bu konuda hakkında bana ne önerirsiniz?

Aslında daima kısmetimiz açık, çünkü Allah bizi kul olarak yaratmış, sana kulum demiş, işte bu çok büyük bir talihtir. Başına büyük bir talih kuşu konmuş ama farkında değilsin!

Daima yaşama Hak gözüyle bakmanı dilerim, o zaman göremediğin cevapları görmeye başlarsın. Nefsin sana kısmetin kapalı diyebilir, içinden aklına fısıltı sokabilir. O da işini yapıyor bırak konuşsun, sen onunla muhatap olma. Sen sana sunulan güzelliklerin farkında ol. Ne kadar şükür edersen o kadar rızkın artar.

Allah diline tatma kabiliyeti ve özelliği vermiş, şimdi sen ayrı ayrı ne yersen tadını alabiliyorsun. Bak ne güzel, buna şükür et. Kitabını okuyorsun elinde, demek görebiliyorsun belki sana çok küçük bir şey gibi gelecek ancak dünyayı ve sevdiklerini bir an görmek için gecelerce dua eden engelli kardeşlerimiz var.

***

Güzel bir hikâye vardır:

Bir gün Talih ile Akıl şiddetle kavgaya girişmişler. Kavganın bir tek sebebi varmış; her ikisi de dünyanın kendi sayesinde ilerlediğini, geliştiğini söylüyormuş. Karşılıklı olarak bir sürü kanıt ileri sürmüşler, bir sürü olay anlatmışlar ama ikisi de birbirlerini ikna edememiş.

Sonunda Talih'in aklına bir fikir gelmiş. Bir şehre gitmişler, şehir meydanında başıboş dolaşan garip bir eşek görmüşler.

Ve hikâye şöyle devam eder:

Talih, Akıl'a, "Şimdi göreceksin" dedi ve eşeğin kafasına girdi.

Biraz sonra yoldan geçen bir adam eşeğe baktı baktı ve "Bu eşek bana kutsal eşeği hatırlattı" dedi. Onun bu sözünü duyan bir başka adam, "Hani İsa Peygamber'i taşıyan bir eşek vardı, bu ona çok benziyor" dedi.

Çok fazla geçmemişti ki, eşeğin başına bir sürü insan toplandı. Her biri ayrı bir söz söylüyor, yeni bir fikir ortaya atıyordu. Eşeğin kutsal olduğunda birleşiyorlardı, ama her biri kutsallığının derecesi hakkında değişik bir görüş ileri sürüyordu. Bu konuda uzlaşamadılarsa da, sonunda eşeğin büyüklüğü konusunda fikir birliğine vardılar.

Biri yeni bir öneride bulundu:

"Benim samanlığım tıka basa dolu. Oraya götürelim istediği kadar yesin."

Bir başkası ona karşı çıktı:

"Böyle bir eşek samanlığa götürülür mü? Ben ona kendi evimi vereceğim, rahat rahat otursun."

Bir başkası diğerlerine kızdı:

"Olur mu kardeşim, hemen valiye gidelim, söyleyelim, onun sarayı bu eşeğe verilsin..."

Biraz daha tartıştılar ve hem samanlığı hem evi eşeğe vermeye ve hem de validen sarayını istemeye karar verdiler.

Onlar bu şekilde hararetli hararetli tartışmaya devam ederken Talih usulca eşeğin kafasından çıktı, bir kenarda olup bitenleri izleyen Akıl'ın yanına geldi. "Gördün mü?" dedi. "Basit bir eşeğin kafasına girdim ve onu dünyada olabilecek en talihli eşek haline getirdim. Sen böyle bir şey yapabilir misin?"

"Haklısın" dedi Akıl. "Asla böyle bir şey yapamam, çünkü bir eşeğin kafasına girmeyi asla düşünemem. Ben sadece hak eden ve beni iyi kullanacak olanların kafasına girerim."

Ve ben de sana diyorum ki, hayırsız bir talihe sahip olacağına, Hak gözüyle bakmana vesile olacak aklının olması ve onu kullanman daha evladır.

Zihnine bir düşünce geldiğinde
panik yapma onu biraz dinle,
düşünce de yorulur.
Sana iyice içini döksün.
Geçmişe ya da geleceğe ait konuşsun.
Sen sadece iyi bir dinleyen ol.
Bir süre sonra muazzam bir sessizlik
tüm ruhunu saracaktır.

Huzurun için sürekli dilinde şu dua olsun:

"Allahım bana Rahmet kapılarını aç.
Allahım bana Kerem kapılarını aç.
Allahım bana İlim kapılarını aç.
Allahım bana Feyiz'inin kapılarını aç.
Allahım bana İhsan'ın kapılarını aç.
Allahım bana Lütuf'unun kapılarını aç.
Allahım bana Rızık kapılarını aç.
Allahım bana Muhabbet'inin kapılarını aç."

Bu dua dilerim senin de hayatını değiştirecektir.

Eyüp Peygamber hastaydı.
Nuh Peygamber'in de oğlu hayırsızdı.
Lut Peygamber de eşinden çok çekti.
İbrahim Peygamber de
anne babasıyla imtihan oldu.
Hz. Muhammed (sav) de
evlat acıları yaşadı.
Bak da Allah katında değerini gör:
Sana peygamberleri ile
aynı imtihanı yaşatıyor.

Bağırma Tekniği ile Zihni Susturma

Yine sana çok özel bir teknikten söz etmek istiyorum. Her bölümde farkındaysan hepsi de çok önemli ve etkili öğretiler, bir nevi yaşamın anahtarlarını seninle paylaşıyorum. Bu tekniğimiz de zihnimizi bir anda durdurmaya vesile olacak bir öğretidir.

Sana bir sır vermek isterim, lütfen iyi dinle.

Bu bize vesvese yani düşünce veren şey kimdi? Nefis yani bir nevi hepimizin melekleri olduğu gibi şeytanı da var. Bize kötülük aşılamaya çalışan, sürekli bizi üzmek adına olumsuz konuşan işte o şeytan var ya aslında küçük bir çocuk gibi korkaktır. İki yaşındaki bir çocuktan farkı yoktur. Düşün ki ezan okunduğunda bile korkarak kaçıyor. Düşün ki bir euzu besmelede bile hemen yanından kaçıveriyor. İşte bize vesvese, düşünce veren bu şeytan aynı zamanda ona bağırdığında, onu azarladığında hemen kaçmaktadır.

Evet, yanlış okumadın, sesini yükselttiğin anda hemen bir anda susuverir. Şimdi deneyip görelim. Bu uygulamayı yaparken var gücünle bağırmanı istiyorum.

Bağırma Tekniği ile Zihni Susturma Uygulaması

Var gücümüz ile bağırarak (bunu kendi başına kaldığında yapabilirsin):

"Hey nefsim hadi beni düşündür!"

"Hey sen orada mısın? Konuşsana ömrümü çürüttün hadi düşündür!"

Biraz daha sesli bağır lütfen, daha yüksek sesle:

"Konuş, anlat, seni dinliyorum. Hadi bakalım ne anlatacaksın sen?"

"Nefsim sürekli eski gazeteleri okur gibi aynı şeyi tekrar ediyorsun bana. Biraz kendini geliştir, yeni şeyler anlat dinliyorum..."

Bunu söyleyerek bekle, zihnine kulak ver. Ses kaybolacaktır.

Biraz dinlen, derin nefes al. Biraz sakinleş... Şimdi tekrar bağırıyoruz:

Hey nefsim! Konuş! Düşündür!"

Ve sessizlik... Çok şükür.

Soru-Cevap

Hocam çok istediğim bir şey var, sürekli dua ediyorum ama olmuyor, acaba nerede yanlış yapıyorum, yanlış mı dua ediyorum?

Bu soru çok geliyor, sürekli yanlış dua ettiğinizi sanıyorsunuz, nefsinizin bu vesvesesine kapılmışsınız. Oysa duanın yanlışı nasıl olabilir? Sen gönlünce Allah'tan istiyorsun, O'na yalvarıyorsun, talebini iletiyorsun. Bu kâfidir. Allah'a isminle dua edebilirsin, O'nun doksan dokuz ismi var, ama sadece "Ya Rabbi, Allahım..." diyerek de duana başlayabilirsin.

Allah sana hiçbir zaman bu dua olmadı, şimdi bana şöyle dua et sen yanlış dua ettin kulum demez. Bu tamamen şeytanın bir oyunudur. O seni duadan soğutmak istiyor. Öncelikle bunu bilmeni isterim.

İstediğinin verilmemesi konusuna gelince, asıl hatayı burada yapıyorsun, hatalı olan duan değil, hatalı olan senin duruşun. Allah'a karşı tavrın...

Çünkü seni razı görmüyorum, rıza makamında değilsin. Israrla kendin için hayırlı ve uğurlu olacağını sanarak dua ediyorsun.

Düşün lütfen:

Dua ederken istediğin şey dünyalık, genelde dünyalık şeyler istiyoruz, bunu isteyen nefsimiz. Allah ise duana cevap vermedi diyelim, nefsin hemen savunmaya geçiyor: "Ama şimdi nasıl olabilir? Niye Allah vermiyor ki?

Oysa bunu çok istedim. Bunu o kadar arzu ve hayal ettim ki şimdi bu duam gerçekleşmezse ben üzülürüm. Bütün hayallerim yıkılır."

Senin nefsin sürekli bir muhalefet içinde...

O Allah'tan razı değil, Allah'ın takdirine razı değil ve seni de fitneliyor. İçinden sürekli konuşuyor: "Şimdi bu dua neden olmadı? Neden cevap gelmedi?"

Nefsin üzgün, nefsin mutsuz çünkü Allah'ın takdirini beğenmiyor. Olay tam olarak budur ve sen de nefsine uyuyorsun. Onunla işbirliği içindesin adeta. Farkında olmadan yaptığın budur. Evet, haklısın nefsim, duam kabul olmuyor, neden olmuyor, neden duam kabul olmuyor, sürekli içten içe sızlanıyorsun.

Oysa Allah'ın takdirine neden, niçin diye sorulmaz! Bu O'na karşı gelmektir, O'ndan razı olmamaktır. Ya Rabbi ben dua ettim, ama sen kabul etmedin, ben bu işi beğenmedim!

Tam olarak yaptığımız budur.

Dinle lütfen:

Rivayete göre peygamberlerden birisi vakti zamanında uğradığı sıkıntılardan dolayı halinden şikâyet edince Allah şöyle buyurmuş:

"Kulum sen benden şikâyetçi mi oluyorsun, ilmi gaipte senin kaderin böyle tayin edildi, benim takdirime niçin razı olmuyorsun? Senin için dünya nizamını yahut levhi mahfuzu (kaderin yazıldığı defter) değiştirip

benim istediğim gibi değil de senin istediğin gibi mi mukadderat (yazgı) tayin edeyim!

Kudretim hakkı için bir daha kalbinden böyle bir şey geçirirsen peygamberliğini geri alırım!"

Şimdi beni anlıyor musun? Senin ihtiyacın olan tek şey Allah'tan razı olmaktır. Ya Rabbi bu yazdığın kader ve istediklerimin olmaması senin takdirin ve ben senin bütün takdirlerine razıyım...

İşte Allah senden bunu bekliyor. Şayet sen bunu yaparsan şeytan artık susmaya başlar. Senin zihnini meşgul edemez ve Allah sana istediklerinden daha hayırlı ve uğurlusunu, daha çok mutlu olacağın şeyleri verir, bundan emin olabilirsin.

Kaygı ve korku, zihnine hangi
düşünce gelirse gelsin
o düşünceyi sahiplenme.
"Benim korkularım var" deme.
O düşünceyi esip geçen
bir rüzgâr gibi gör.
Düşünce senden ilgi
göremeyince
bir anda kaybolacaktır.

Nefsi Telkin ile Eğiterek Zihni Susturma

Düşüncenin nefsimizden zihnimize geldiğinin artık çok iyi farkındayız. Nefis eğitilirse zihne düşünce gelmeyecek ve zihnimiz boşalacaktır. Bu da daha enerjik, yaşama karşı daha motive ve mutlu olmamızı sağlar öyle değil mi?

Nefsi bir papağan gibi algılamanı isterim. Geçen bir papağan videosu izledim. Papağan tam anlamıyla zikir çekiyordu. Sahibi onu iyi eğitmiş... Önce bir süre "Allah Allah..." diye konuştu. Sonra: "Bismillah... La ilahe illallah, suphanallah..." Bir insandan farksız şekilde zikrediyordu.

İşte bizim içimizde de kimden ne duyarsa onu bize fısıldayan bir papağan nefsimiz var. Bu nefsi biz boş bıraktığımızda şeytan hemen ona bize söyleyeceği düşünceleri öğretir:

"Değersizsin, mutlu olamazsın, bir işe yaramazsın, sevdiklerini kaybedeceksin, bir anda öleceksin, kötü bir hastalığa yakalanarak hastanelerde sürüneceksin. Aklını yitireceksin..."

Ve bunun gibi düşünceler bazen de görüntüler ile bize vesvese vermekte. Sebebi ise nefsini boşta bırakmandandır.

Evliyalar Sultanı Abdulkadir Geylani hazretleri nefsi bir çocuğa benzetmiştir ve şöyle der: "Nefsinizi eğitin, boşta bırakmayın, siz onun velisisiniz."

Normal hayatımızda da çocuğumuzu boş bırakırsak kötü arkadaşlar edinmekte öyle değil mi? O halde nefsimizi eğitmeye başlayarak zihnimizi susturalım mı?

Nefsi Telkin ile Eğiterek Zihni Susturma Uygulaması

Nefsimizle yine konuşuyoruz:

Nefsim seni de beni de Allah yoktan var etti. Sonra bize rızkımızı verdi ve bize su verdi. Bizi tekrar öldürecek ve sonra tekrar diriltecek olan Allah'tır. Nefsim Rabb'ini iyi tanı. O Allah ki birdir, hiçbir şeye muhtaç olmayan Samed'dir. Nefsim Allah doğurmadı ve doğurulmadı. Nefsim Allah'ın eşi benzeri ve dengi yoktur. Ben bunları biliyordum nefsim ama senin hiç farkına varıp bunları sana anlatmamışım.

Nefsim, dinimiz İslam'dır, kitabımız Kuran'dır, nefsim Peygamberimiz Hz Muhammed'dir (sav). Nefsim Rabbimiz Allah'tır."

(Burada "Rabbimiz Allah... Rabbimiz Allah..." diye birkaç kez kısık sesle söyle, o bir papağan gibi duyuyor, algılıyor. Ve sonra nefsine sor: "Nefsim Rabbimiz kimdir bana fısılda?"

Şimdi gözlerini kapat ve dinle, içindeki ses sana Allah diyecektir. Onu bir süre dinle. Kalbin ve nefsin Allah'ı zikretmeye başlar. İçindeki o kalabalık seni yoran ses gitmiş yerine Rahmani bir ses gelmiştir. Neden? Çünkü onu ilk defa ele aldın. Gözlerini kapat ve içindeki zikre şahit ol. Bu sana muazzam bir derinlik ve huzur katacaktır.

Şimdi de tefekkür yaparak nefsimizi eğitelim:

Tefekkür derin düşünmekti. Allah Bakara Suresi 138'de "Allah'ın boyasından daha güzel boya vuran kimdir?" diye buyurdu.

O halde bizim de bu boyalara şahit olmamız ve nefsimize bunu öğretmemiz gerekir ki sonsuz huzura erelim.

Gökyüzüne bak ve Allah'ın boyasına şahit ol. Belki şu an gece bu kitabı okuyorsun, gökyüzü siyah belki gündüz, gökyüzü gri ya da açık bir hava, mavi... Her ne ise Allah'ın boyasıdır. Hemen nefsine de ki: "Nefsim bak Allah'ın rengi ne güzel bir gri. Şayet hava kapalı gri ise için açılmaya başlar. Normalde seni yoran, içini sıkan gri hava sana huzur getirir çünkü artık yaşama kalp gözüyle bakıyorsun."

Allah De Ötesini Bırak kitabımızda da tefekkürden söz etmiştik, burada Allah'ın renkleri ile tefekkür yapıyoruz...

Ve devam et. Toprak kahverengi. Görüyor musun? Hemen içine nefsine dön ve ona öğret. "Nefsim bak Allah'ın boyası kahverengi, ne güzel bir boyadır. İnsanlar bu renkleri kimyasal kullanarak giysilerde vs. elde ediyorlar ama bu Allah'ın boyası nefsim. Allah gibi boya vuran yoktur."

Çimenlere, ağaçlara bak orada gönül açan yeşillikler bulacaksın. Hemen de ki: "Nefsim Allah'ın boyası yeşile bak ton ton. Kimisi açık kimisi koyu yeşil... Allah boyamış ne güzel boyamış. Çiçeklerin de konuşmalarına şahit ol."

"Biz Allah'ın boyası ile boyandık." (Bakara 138)

Kahvaltı yaparken zeytinin siyahı, peynirin beyazı, domatesin kırmızısı... Allah'ın boyasına her yerde tanık olabilir ve nefsini eğitebilirsin. Buradaki amaç sadece tanık olman değil, içindeki o papağan nefsi eğitmendir ki zihnin susuversin.

Şimdi tekrar içindeki nefsine dön ve anlat:

"Nefsim kitabımız Kuran'dır. Kitabımız Kuran'dır. Kitabımız Kuran'dır."

Şimdi sor: "Nefsim kitabımız nedir?"

Gözünü kapat ve içsesini dinle, yavaş yavaş konuşmaya başlayacaktır, kitabımız Kuran diye...

Şimdi tekrar öğret iyice buna alışsın, onu boş bırakma.

"Rabbimiz Allah nefsim. Rabbimiz Allah, Rabbimiz Allah..."

Şimdi de gözlerini kapat derin bir nefes al ve nefsine sor:

"Nefsim Rabbimiz kimdir, zikret bana fısılda?"

İçinde duyduğun rahmani sestir. Şeytani susmuş artık rahmani ses konuşmaya başlamıştır. Bunun için Allah'a şükür et. Çünkü şükür nimeti, ilmi, huzuru artırır. Her ne için şükür ediyorsan o artmaya, bereketlenmeye başlar. Bu ilahi bir kanundur.

Huzurun Sırları

- Olanı kabul et, yoksa zihnin hep konuşur.
- Şerdeki hayrı ara, yoksa kalbin rahat etmez.
- Sana haksızlık edeni Allah'a bırak ve gerisini unut, yoksa dilin hep anlatmak ister, bu da sana acını tekrar tekrar yaşatır!

Yazı Tekniği

Bu teknik çok basit olmakla birlikte yine bir anda zihnimizi şaşırtacak ve içindeki düşünceleri bir anda durduracak bir öğretidir. Zihnimize geçmiş ya da gelecekle ilgili bir düşünce geldiğinde bu düşünceyi yazı olarak zihnimizde canlandırarak susturuyoruz. Birlikte uygulamasını yapalım:

Yazı Tekniği Uygulaması

Şimdi aklına gelen bir düşünceyi duymaya çalış. Örneğin "Değersizsin!" diye içinden bir ses geçiyor. Hemen gözlerini kapat, derin bir nefes al. Nefesi alırken içinden la ilahe çek, verirken illallah de. Sonra zihninde "DEĞERSİZSİN" diye aynı bu şekilde bir kelime canlandır. Bunu rahatlıkla çizebilirsin. Önce D canlandır, sonra E ve değersizsini zihninde çiz. Bir süre o yazı zihninde kalsın. Şimdi ise zihninde "ALLAH" ismi şerifini canlandırmanı istiyorum.

Yine derin bir nefes alıyorsun. Nefesi alırken "Allah" nefesi verirken "Es Selam" diyerek veriyorsun.

Şimdi tekrar "ALLAH" ismi şerifini zihninde yaz ve gör. Evet zihnin daha rahat ve huzurlu hissedeceksin.

Bunu nefsin sana her ne fısıldıyorsa yapabilirsin. Örneğin: "Kalp krizi geçireceksin!" korkusu veriyorsa bunu önce yazıya dök. Sonra yerine "ALLAH" ismi şerifini koy, derin nefes al, nefesi alırken "Allah", verirken "Ya es Selam" diyorsun.

Aklına her ne geliyorsa bu şekilde yaparak zihnini şaşırtabilir, şeytanlaşmış nefse Allah'ı hatırlatarak susturabilirsin.

Nitekim yüce Allah şöyle buyurmaktadır:

"Şüphe yok ki Allah'a karşı gelmekten sakınanlar, kendilerine şeytandan bir vesvese dokunduğu zaman iyice düşünürler (derhal Allah'ı hatırlarlar da) sonra hemen gözlerini açarlar (gerçeği görürler)." (Araf 201)

İnsana Allah'tan bir rahmet indiğinde zihninde ne kadar düşünce varsa, üzerinde ne kadar hastalık varsa hepsi bir anda kesilir, yok olur. Ruhunu muazzam bir huzur kaplar. Ve benim sana bir tavsiyem var.

Bir şey yemeden önce 1 Fatiha ve 3 İhlas okuyarak Peygamber Efendimiz (sav), ehlibeyt ailesi, ashap ve evliyaların ruhuna hediye et. Bazen ekmek bile olsa yapan beslemesiz yapmışsa gıda da şer olur. Onu yediğinde sendeki rahmeti de kesebilir. Bu yüzden ben senin bir şey yemeden önce tavsiyeme uymanı dilerim.

Sıkıntı anında de ki:

"Allah benim için en güzelini düşünür.
Allah'ın benim için uygun gördüğü bu durumdan razıyım.
Allah bana asla zulmetmez.
Nefsim bu olayı şer gördü.
Fakat bundaki hayrı da elbet göreceğim.
Allah'ın ikramı bana ulaşmak üzere.
Kudret ve Kuvvet Sahibi Allah benimle."

En Nur Esması ile Arınma, Zihni Susturma

"En Nur esması" frekansı gereği yine çok yüksek bir enerji taşır. Ruhumuzun da tıpkı bedeniniz gibi arınmaya, zaman zaman temizlenmeye ihtiyacı vardır. Sadece ruhumuz değil, beynimiz, gözümüz, kulağımız, kalbimiz, midemiz vb. birçok organımız arındığında daha sağlıklı çalışmaya başlar.

Bu manevi temizlik zihnimizin susmasında da çok etkili olacaktır.

Hatta bu konuda Peygamber Efendimiz'in (sav) nurlu duası vardır.

> *"Allahım! Kalbime büyük bir nur ver; gözüme bir nur, kulağıma bir nur ver; sağıma bir nur, soluma bir nur ver; üstüme bir nur, altıma bir nur ver; önüme bir nur, arkama bir nur ver; bana büyük bir nur ihsan eyle!"*

Diğer bir rivayette şu ilave vardır:

"Sinirlerime bir nur, etime bir nur, kanıma bir nur ver; saçlarıma bir nur, derime bir nur ver!"

Resulullah (sav) duasında bunları söylerdi. (Buhari, *Deavât* 9; Müslim, *Müsâfirin* 181)

O halde şimdi bu uygulamayı birlikte yapalım ve zihnimizi susturarak, içsel bir huzura ulaşalım.

En Nur Esması ile Arınma, Zihni Susturma Uygulaması

Tıpkı "Rahmani Nefes" çalışmamızdaki gibi bu uygulamayı da yaparken oturuyoruz. Sonrasında sırtımızı ve başımızı geriye doğru yaslayalım.

Alın çakramız iki kaşımızın ortasındadır. Bu çakra zihnimize giren düşüncelerin olduğu alandır. Bir kapı düşünün, bazen bu kapı kapalı olur ve içerideki hazineye, güzelliklere ulaşmak için o kapıyı açmak gereklidir. Bizim de alın çakramız kapalı olduğunda sağlıklı düşünemeyiz. Kaygılar korkular ve takıntılarımız artmaya başlar.

En Nur esması bu kapalı kapıyı adeta eritir yok eder.

Evet, arkamıza yaslandık, gözlerimiz kapalı ve şimdi derin bir nefes alıyorsun. En Nur esmasının göz kamaştırıcı parlaklığını hayal et. Ve En Nur esmasının iki kaşın arasından vücuduna girdiğini düşle.

Bu arada ellerin birbirine bağlı kalmasın, buna dikkat etmeni isterim. Ellerini dizine koyabilirsin.

Zihnin kapalı kapısını En Nur esması adeta eritiyor ve bir anda içeriye nüfuz ediyor. Tüm beyninin En Nur esmasının oluşturduğu parlaklık ile dolduğunu hayal et.

Şimdi En nur esması alnından beynine, oradan da boğazına doğru iniyor ışıltısı ile... Kötü enerjiler çoğu zaman boğazımızda düğümlenir. Bunu çoğumuz yaşarız. Bazen bir nazar bile nefes almanı zorlaştırabilir. Sanki nefesin yetmiyormuş gibi hissedersin.

İşte boğaz çakranın kapalı olmasından kaynaklıdır bu. Adeta lavabonun tıkalı olması gibi... Şimdi En Nur esmasının ışıltısı, yüksek enerjisi boğazındaki tüm tıkanıklıkları yok ediyor, eritiyor, bunu düşlemeni istiyorum.

Bu esmanın gücüne hiçbir tıkanıklık dayanamaz. Hemen eriyiverir. Bir yanardağ lavı demiri nasıl eritiyorsa En Nur esması da bütün kötü enerjileri ve tıkanmış çakralarımızı eritip yok eder. O bölgeler açılmaya başlar. Çakraların açılması demek zihninin tamamen susması demektir.

Boğazından kalbine doğru inmeni istiyorum. Hayal edebilirsin. En Nur esması kalbinin üzerinde tecelli ediyor. Kalbini temizliyorsun. Sıcaklığını hissedebilirsin.

Şimdi de midene inmeni istiyorum. Aynı şekilde En Nur esması midende tecelli ediyor ve mideni temizliyor. Bu arada "La ilahe illallah!" çekiyoruz bir kez. Derin bir nefes ile...

Şimdi kök çakraya iniyoruz. Göbeğimizin altına rahim bölgesine doğru. Nefsimiz hep bir şeyler ister. Ev, araç, iyi bir iş, saygı, sevgi vb. Bunları elde edemeyince kasılmaya, mutsuz olmaya başlarız. İşte bu olumsuz duygular kök çakramızı zamanla tıkar ve kasılmaya başlarız. Kendimizi değersiz ve mutsuz hissederiz. Bu yüzden kök çakrayı temizlemek önemli.

En Nur esmasının kök çakranın kilitli kapılarını erittiğini düşle. Öyle bir ışık saçıyor ki En Nur esması bütün tıkanmışlıklar eriyor adeta. O beyazlığı, ışıltıyı zihninde kolayca canlandırabilirsin.

Tekrar derin bir nefes alıyoruz ve Peygamber Efendimiz'in (sav) nurlu duasını okuyoruz:

> *"Allahım! Kalbime büyük bir nur ver; gözüme bir nur, kulağıma bir nur ver; sağıma bir nur, soluma bir nur ver; üstüme bir nur, altıma bir nur ver; önüme bir nur, arkama bir nur ver; bana büyük bir nur ihsan eyle. Sinirlerime bir nur, etime bir nur, kanıma bir nur ver; saçlarıma bir nur, derime bir nur ver!"*

Şimdi kendini daha dingin ve huzurlu hissedeceğine inanıyorum. Bu uygulamayı her akşam yatmadan önce yapabilirsin. Her yaptığında daha çok etkisi olacaktır. Şifa Allah'tandır...

Geçmişe Ait Düşünceler İçin "Doğrudur, haklısın..." Zikri

Nefsimiz bizi geçmişe götürdüğünde yine alternatif olarak ve kullandıkça etkisinin yoğun olduğunu göreceğiniz bir zikirdir. Zikir derken manevi bir çalışma değildir, ancak şeytanın vesvesesine karşı tam bir kalkandır.

Şöyle ki: Şeytan aklımıza vesvese sokarak bizi geçmişe götürerek aynı şeyleri hatırlatır. Artık bunun şeytandan ve nefsimizden geldiğinin zaten farkındayız, bu konuda uyandık öyle değil mi? İşte o geçmişe ait vesvese aklımıza geldiğinde biz şeytanı ilk defa onaylamış olacağız.

Şayet onu eskisi gibi kovarsak ne oluyordu, bizi bunaltmaya devam ediyordu. Ancak şeytanın vereceği vesveseyi onayladığımızda bir anda onun adeta ateşi sönmeye başlar. Çünkü bu durumdan, onaylanmaktan hiç hoşlanmaz. O konuyu asla kapatmamak ister ve özellikle kulun kendisini kovmasını bekler. Sen onu kovdukça hatırlar ki enerjinle daha çok besliyordun.

Şimdi ise artık onu onaylayan bir sen varsın. Ve şimdi uygulamamızı hayatımıza sokalım...

"Doğrudur, haklısın..." Zikir Çalışması

Zihnimize geçmişe ait bir travmatik görüntü, olay, fısıltı geldiğinde hemen şu adeta sihirli kelimeyi söylüyoruz:

"Doğrudur, haklısın. Evet tüm bu anlattıkların doğrudur!"

Bu kadar.

Onunla fazla muhatap olmadan, sadece: "Doğrudur, evet, tüm bu anlattıkların doğrudur."

Bunu birkaç kere tekrarlamanı isterim ve göreceksin ki zihnin bir anda boşalacaktır.

Şeytan bunu sana belli bir süre sonra tekrar hatırlatmak isterse onu sakın engelleme. O son şanslarını deniyor bunu unutma ve hemen aynı zikri tekrarla:

"Doğrudur, tüm bu anlattıkların doğrudur, haklısın!"

Ve ardından ekle: "Peki şimdi başka ne anlatmak istersin?"

Nefsine, yani içsel sesine bu soruyu sor. Sorduktan sonra bir süre bekle, ona kulak ver ve zihnindeki boşluğu göreceksin. Allah'a bu huzur için şükür et...

Bu kadar...

Sıkıntıda Olduğunda...

Allah ile konuş. "Ya Rabbi..." de. "Sen beni sevdiğin için yarattın. Rızkımı da veriyorsun. Benim dertlerim var ancak sen kuluna asla zulmetmezsin. Sen, seni seven bu kuluna kıyamazsın. Sen Rahman'sın. Seninle konuşmak, bütün dertlerimi aşka ve huzura çeviriyor."

El (Yabancı) Tekniği ile
Zihni Şaşırtarak Susturma

Sana yine çok ama çok özel bir öğretiyi göstermek istiyorum.

Bu tekniğin amacı yine nefsi, bize vesvese veren şeytanı şaşırtmak ve zihnimizi susturmak adınadır.

Niçin "El Tekniği" ismini kullandım bu öğreti için? Çünkü ateş düştüğü yeri yakar, bir arkadaşının yahut da bir yakınının seninle dertleştiğini düşün. Bu dertli kişi sorununu sana anlatırken sen duygusal olarak ondan etkilenebilirsin, ancak o sorunu yaşayan kişinin adeta içi yanıyordur öyle değil mi?

Ondan her ne kadar da etkilensen, onun adına üzülsen yaşadığı travma seni onun yaşadığı içsellik kadar etkilemez. Yahut da o an etkilensen bile, bu yakının sana derdini anlatarak yanından ayrıldıktan sonra dertleri ile baş başa kalır, sen ise bir müddet sonra kendi hayatına devam edersin öyle değil mi? Artık o dert seninle değildir.

Evet, bu hep böyle olmuştur, ateş düştüğü yeri yakar. İşte tam burada yapmamız gereken şudur: Kendimizi el, yani bir yabancı olarak görmek.

Biz aslında ruhsal bir varlığız. Biz sadece Kul'uz. Bize verilen isimler Ayşe, Ahmet, Mehmet vb. ailemizin taktığı isimlerdir. Bunlar bizi bu dünyada "Ben" yapar. Şeytan ise benliği bir hedef olarak görür ve ona vesvese verir. O hiçliği algılayamaz. Onu bir ok gibi düşün, sen ise hedef tahtası olarak belirirsen düşünce gelip seni bulacaktır öyle değil mi?

İşte "Benlik" seni hedef tahtası gibi görünür yapar. Vesveseye hedef olursun.

O halde benliği bırakıp kendimize el olduğumuzda tıpkı o arkadaşının sorunu seni yüzeysel etkilediği gibi yaşayacağın bir sorun da artık seni yüzeysel etkileyecektir.

Bu yöntemi uygularken ben sana örnek vermek için kendi adımı kullanacağım, sen ise nefsinle konuşurken kendi adını kullanırsın. O halde bu yöntemi hayatımıza sokalım...

El Tekniği Uygulaması

Her zamanki gibi içimizdeki ses ile konuşuyoruz ve ona şöyle diyoruz:

"Nefsim şurada bak bir Uğur var (sen burada kendi adını söyle, sanki o kişi karşında oturuyormuş gibi düşleyerek), hadi şu Uğur'u düşündür."

Şimdi derin bir nefes al ve bekle. Tekrar karşında oturan seni hayal ederek, "Nefsim bak karşımda oturan (duran) bir Uğur var, hadi onu düşündür. Ona dertlerini anlat. Onu düşündür" de. (Hissetmeni isterim ki bu süreçte sen Uğur olmuyorsun, sen özünden varlık olarak bakıyorsun hayata.)

Zihnine bak şimdi, afallaştığını duyumsayacaksın. Nefis şaşırdı, şimdi ben kimi düşündüreceğim! O tamamen şok oldu. Çünkü sen adeta hedef şaşırttın. Seni bulamaz. Sen özünden hayata baktığın için seni göremez. Vesvese bu dünya için vardır, düşün ki bu dünyadan ahirete göçtük, orada yahut da kabirde vesvese artık yoktur. Vesvese, düşünce, bu dünya için geçerli.

Sen ise şu an adeta ölmeden önce öldün. Benliği, kendi adınla olan o varlığı bir kenara koydun. Daima anımsa! Benlik yoksa vesvese de yoktur. Artık zahirde kendine bir el gibi yabancısın, ancak batında özdesin... Bu yüzden de "Hiç" edasında hafiflediğini hissedeceksin şu an...

Ayna Tekniği ile Zihni İzleme ve Susturma

Ayna tekniği de "El Tekniği"ne benzer. Bu tekniği toplu seminer eğitimlerimde yaptığımda insanlar çok etkilenirler. Yanlarında ayna olmadığı için kendi telefonlarından öz çekim olarak resimlerini çekmelerini isterim. Yüz profillerini çekerler.

Ve sonra onlara telefondan çektikleri resme bakmalarını isterim. Resme baktıklarında ise şunu görmelerini sağlarım:

O resimde duran bir (Uğur, Elif, Emine, Merve), ismin ne ise karşında duran bir sen var. Tıpkı "El Tekniği"ndeki gibi o insan bir Uğur ama sen Uğur değilsin, sen öz varlıksın, kulsun unutma. Oradaki insanın beynini görmeye çalış.

İşte bugüne kadar seni yoran, korkutan bütün o düşünceler, şimdi sende değil karşındaki insanın zihninin içinde duruyor. Fark ediyor musun?

Hepsi orada... O zihne giriyor ve çıkıyorlar... Sen sadece bir izleyensin. Kendin sandığın o kişiyi dışarıdan izliyorsun. Ve bu seni etkilemeyecektir. "El Tekniği"ndeki gibi bu seni hafiflemiş bir kıvama getirecektir.

Çok basit şekilde anlatmaya çalıştım. Belki sana daha önce duymadığın için anlaşılmaz gelmiş olabilir ama tekrar yavaş yavaş oku yukarıda yazdıklarımı. Çok basit bir şekilde zihnin ötesinde kaldığını ve içindeki sessizliği duyumsayacaksın.

Tekrar söylüyorum:

Bu kitapta birçok özel teknikler var. Her insanın algısı farklı olduğu için, senin anlamadığın bir teknik olursa kendini üzme, umutsuzluğa da kapılma. Diğer teknikleri, sana kolay gelenleri yapabilirsin.

Huzurun Formülü

- Kimseye haset etme.
- Kendinden çok sevdiklerine dua et.
- Elinde olana şükür, olmayana hamd et.
- Hakkını alan ile sen uğraşma, Vekil'ine bırak.
- Namazı ise Allah ile buluşmak için kıl.

Zihni Susturacak Özel Kelime ve Zikir

"Benden değil..." Zikri

İnsan zihnini boşaltmak istiyorsa benlikten kurtulmak zorundadır demiştik. Bunun üzerinde çok duruyorum, özellikle bu konunun daha derinlerine inmek istiyorum. Hem benlik taşıyor hem de zihnini boşaltmak istiyorsun. Bu gece vakti güneşin doğmasını beklemek gibi bir şey olur!

Bu yüzden sana "Benden değil..." zikrini vermek istiyorum. Bu ilahi bir esma ya da zikir değildir ama bu senin farkında olman, uyanman için gereken manevi bir zikirdir. Aslında "Benden değil..." zikri görünürde ilahi bir zikir olmasa da sana maneviyat kapılarını sonuna kadar açacaktır.

İnsan her şeyi kendinden bildikçe benlik daha çok gelişir, madem amacımız hiçlik makamında zihnin sessizliği içinde huzur içinde yaşamak, o halde yaptığın her şeyde "Benden değil..." zikrini kullanmayı alışkanlık haline getirmeni isterim.

Mesela bir arkadaşına yemek ısmarladığında o kişi sana teşekkür ettiğinde "Benden değil..." *(Size gelen her nimet Allah'tandır" [Nahl Suresi 53])* ayetini hatırlayarak rızkın senden değil Allah'tan geldiğinin farkında olmak gibi...

Amacımız burada bu ayeti zikretmek değil, ayetin manasını yaşamak. Artık yeni yaşam felsefemiz bu. Hem gönül gözüyle hayata bakacaksın hem de hiçlik makamında sonsuz huzuru kucaklayacaksın.

Birisine yardım ettiğinde ve o kişi sana teşekkür ettiğinde yine aynı şekilde "Benden değil..." diyerek nefsini terbiye etmenin çok faydasını yakında göreceksin.

Namaz kıldığında, ibadet ettiğinde bile bunu kendinden bilme. Allah bize hidayet vermese yani o an "Hadi" esması ile tecelli etmese secdeye gitmeyiz. O halde bu konuda övünerek nefsi şımartmaya, yaptığımız ibadetin derecesini düşürmeye gerek yok. Öyle değil mi?

"Benden değil, Allah hidayet verdi ve ben secdeye vardım" diyerek nefsin övünmesine engel olmanı isterim.

Bu bilinci hayatına soktuğunda yavaş yavaş egonun eridiğini ve saf varlık olan özünün vuku bulduğunu göreceksin. Yaşama kalp gözüyle bakan insan yorulmaz ve sen hayata gönül gözüyle bakmanın huzurunu daima yaşayacaksın...

"Benden değil... Benden değil... Benden değil... Ne yaparsan yap benden değil..."

Unutma sen olmadığında dertler de olmaz! Dertler, tasalar sen olduğun için varlar. Bu yüzden senin erimeni, altından özünün ortaya çıkmasını diliyorum.

Tanık Olma Metodu
(Zihnin Bekçiliğini Bırakma)

İnsan niçin yorulur? Çok çalıştığı, bir şeye enerji verdiği ve efor sarf ettiği için yorulur öyle değil mi?

Bu metodu uygularken bile rahatladığını hissedeceğine inanıyorum. Aslında seni yoran ne düşünceler, ne vesvese, ne de başka bir şey. Bizim birazdan öğreneceğimiz gereksiz çabamız bizi yoruyor.

Biz adeta zihnimizin bekçisi olmuşuz! İmkânımız olsa neredeyse zihnimizin kapısında 7/24 bekleyerek neler aklımıza geliyor ve gidiyor notlar alacağız. Hani bazı firmaların ya da iş merkezlerinin kapılarında güvenlik görevlileri olur ya kayıt tutarlar, kime geldiniz, isminiz nedir vs.

Sen de birazdan aynı bu şekilde yaşadığını ve zihnine gelen her şeyi kayıt tutarak yorulduğunu anlayacaksın. Bu anlayış yani bu farkındalık senin huzur kapını açmana inşaAllah vesile olacak.

Kendini sadece zihinden ibaret sayar gibi yaşıyorsun. Oysa senin birçok organın var öyle değil mi?

Mesela kalbin ve dolaşım sistemin var. Kalbin sürekli kan pompalıyor. Sen hiç gün içinde zihninin içinde olanları düşünür gibi, benim kalbimin içine şu an kan geldi, kalbim o kanı vücuduma geri pompaladı diye düşünüyor musun? Düşünmüyorsun.

Peki, nefes aldığında şu an oksijen aldım, bu oksijen ciğerlerime doldu ve geri verdim, tekrar aldım ve geri verdim diye düşünüyor musun? Hayır onu da düşünmüyorsun.

Peki, sindirim sistemin var. Yemek yediğinde yemek borusundan geçen yemekler midede toplanıyor, depolanıyor ve mide asidi o yemekleri parçalıyor diye düşünüyor musun?

Daha böyle sayabileceğim, bağırsaklar, mesane vb. bir sürü organ var. Ama sen bunların hiçbirine bekçilik yapmıyorsun ve o kadar rahatsın ki... Öyle değil mi?

Her şey ilahi bir düzen içinde işliyor çok şükür.

Ne demek istediğimi yavaş yavaş anlıyorsun... Evet, sen tüm bunları rahat bırakırken zihninde adeta bir bekçi olmuş ve gelen giden düşüncelerle adeta boğuşuyorsun. Bu düşünceler ile boğuştuğun, savaştığın için yoruluyor ve tükeniyorsun.

Şimdi yapmamız gereken çok basit. Nasıl ki diğer organlarını kendi haline bıraktın ve onlar ilahi düzen altında çalışmalarına devam ediyorsa senin de artık zihin bekçiliği görevinden istifa etmeni istiyorum.

Zihnini kendi haline bıraktığında tüm yaşam enerjin kendine kalacaktır. Bana inan yaşadığın rahatlığa şaşıracaksın. Benim tüm yaptığım budur. Zihnimi kendi haline bırakmak... Bunu bir uygulama halinde birlikte yapalım mı? O halde tekrar etmeni istiyorum...

Tanık Olma Metodu Uygulaması

"Ey düşünceler! Sizlere zihnimin kapısını sonuna kadar açıyorum. Artık sizlere karışmıyorum. Sizlere engel olmuyorum. Sizleri rahat bırakıyorum. Nasıl ki kalbimi, midemi, bağırsaklarımı ve diğer organlarımın çalışmasını, neler yaptığını takip etmiyorsam artık zihnimi de bu şekilde kendi haline bırakıyorum. Anladım ki ben karıştığım için, zihnimin içine girip çıkanları takip ettiğim için yorulmuşum. Zihin bekçiliğinden istifa ediyorum. Düşünce gelebilir, zaten bir süre sonra çıkacaktır. Hiçbir düşünce yarım saat bile zihnimde kalmaz. Gelir ve gider. Ben onlarla ilgilendiğim, onlara anlam yüklediğim için yıllarca aklımda aynı düşünce vardı. Artık size bir anlam yüklemiyorum. İyi ya da kötü düşünce de demiyorum. Siz bir düşüncesiniz. Siz bir enerjisiniz. Siz zihnimi girip geri çıkan bir enerjisiniz. Size düşünce bile demiyorum."

(Burası çok önemli. Düşünceye anlam kattıkça yoruluruz. Kuduz bir köpek bizi ısırdı diyelim, artık tüm masum köpekler kuduz gibi görünür ve bir köpek gördüğünde korkmaya başlarsın. O köpek çok masum olsa da ondan korkarsın. Çünkü daha önce köpeğe bir anlam yükledin, köpek ısırır ve kuduzdur diye. İştc düşünceye de iyi ve kötü diye anlam yüklediğin için yorulmaktasın. Korkmaktasın, panik içindeydin.)

Artık düşünceye iyi ve kötü demekten öte düşünce bile demiyoruz. Ne diyorduk? Enerji...

Tabii ki o tamamen bir enerji. Her şey bir enerjidir. Biz de bir enerjiyiz. Ruhumuz bir enerji. O halde tekrarlamanı isterim:

"Enerji aklıma gelir ve gider. Gelir ve gider. Hiçbir enerji kalıcı değildir."

Bu uygulamayı hemen şimdi tekrarlamanı isterim. Göreceksin ki zihnin suskun kalacaktır. Bir süre sonra tekrar düşünce (enerji) gelirse sakın kovma, aynı şeyi tekrar et.

Tekrarlamanı isterim.
"Ben daha önce düşünce adını verdiğim enerjiyi izleyenim.
Duygu ve düşünce sandığım enerjiyi dışarıdan izliyorum.
Onlar benim zihnimde dolaşır ve giderler.
Korku adını verdiğim enerji geliyor ve yoğunluğunu kaybederek geri gidiyor, takıntı adını verdiğim enerji geliyor ve kayboluyor. Onlar benden ilgi göremeyince etkisini kaybediyor. Onları sadece izliyorum.
Artık onları rahat bıraktım."

Vesvese ve Takıntılar İçin Zihni Susturacak Şifa Ayetleri

Bazı ayetler vardır ki onlar tamamen şifa enerjisindedir. Eskiden, özellikle Osmanlı döneminde ruhsal sıkıntı yaşayan insanların Kuran ve su sesi ile şifalarına vesile olunurdu. Bu konuda sana şifa adına garanti verebilirim.

Hocam bana nasıl garanti verebilirsin ki diye sorabilirsin.

Allah'ın İsra 82 ayetine dayanarak sana garanti verebilirim:

"Ve nunezzilu minel Kur'ani ma huve şifaun ve rahmetun lil mu'minine."

Meali: "Biz Kuran'dan, inananlar için şifa ve rahmet olacak ayetler indiriyoruz."

Yalnız dikkat etmeni isterim, inananlar için diye buyurmuş yüce Mevla'mız, inananlar için... Önce inanman gerekir, Kuran'ın sana şifa olacağına inanmadıktan sonra kimse bir şey yapamaz. Allah o zaman sana neden şifa versin? Bu yüzden her şeyin başı inanmak, Allah'ın vaadine güvenmek...

Bizi yaratan Rabbimiz garanti veriyor, bunu tefekkür edebiliyor musun?

Bu ayetler bize hem rahmet hem de şifa olacak Allah'ın izniyle. Bu yüzden ben senden tamamen katıksız bir tevekkül içinde olmanı istiyorum. Senin duruşun önemlidir, Allah senin duruşuna, inancına göre muamele yapar.

Düşün lütfen, diyelim sana çok önemli bir bilgi verilmiş ve bu bilgiyi sana güvenenler ile paylaşman istenmiş ama bu bilgi çok kutsal, ilahi bir bilgi. Özel bir ilim... Ancak karşında öyle biri var ki ve inanmıyor, samimiyetsiz bir şekilde karşında duruyor. Şimdi sen ona bilgiyi versen bile inanmadığı için o bilgi hiçbir işe yaramayacak. İnanmıyor ki yarasın, ona bu bilgiyi verir misin?

Bir öğretmen düşün seni eğitecek, sana ilim verecek ama sen hiç oralı değilsin, onun vereceği bilgiler benim hayatımda ne işi yarayacak düşüncesindesin. Ve bunu da çok net öğretmenine belli ediyorsun. Şimdi sana neden bilgi verilsin?

Nefesine yazık, seni takmıyor ki... Paylaşmanın hiçbir anlamı olmayacak öyle değil mi?

Önce senin inanman ve hevesli olman gereklidir.

Allah da sana Kuran ile şifa verecekse önce ona inanmanı, tam bir tevekkül içinde huzurunda hazır olmanı ister.

"Ya Rabbi! Sen bana Kuran'ı gönderdin ve içinde bana şifa olacak ayetler var. Senin vaadin haktır Rabbim. Hiç şüphesiz senin ayetlerinin benim vesveselerimi bitireceğine, hastalığıma (her ne hastalığın varsa) şifa olacağına inanıyorum..."

İşte tam olarak içinden söylemen, hissetmen gereken budur. Bu makamdaysan eğer devam edelim, o zaman ayetleri seninle paylaşabilirim. Unutma ki ayetlerin çok yüksek enerjisi vardır ama adeta pasif durumdadır, senin inancınla birlikte onlar harekete geçerler. Anlıyor musun?

Şimdi paylaşacağım ayetler için sana sayı vereceğim.

Bu sayı tamamen disipline olmak içindir, yoksa Allah, "Kulum bu ayeti bu kadar okumazsan sana şifa vermem" demez. O yüzden sayı verdiğim için yanlış anlamanı istemem. Burada önemli olan artık biliyorsun ki ayetlerin sana şifa olacağına inanmak. İnancın sayıdan çok daha önemlidir.

Sabah ve akşam yedi kez İsra 65'i okuyalım:

> *"İnne ibadi leyse leke aleyhim sultan ve kefa bi rabbike vekila."*
>
> Meali: "Bana yönelmiş kullarım üzerinde, senin bir hâkimiyetin, gücün yoktur. Kullarımı koruyucu olarak Vekil olan Rabb'in yeter."

Bu ayette Allah, şeytan ile konuşuyor ve şeytanın bizim üzerimizde hiçbir gücü, etkisi olmadığını ona söyleyerek bizi de adeta müjdeliyor. Bu yüzden üstteki ayeti vesveselerin için sıkça okumanda fayda var.

Aklıma seansımıza yurt dışından gelen Melek Hanım'ın yaşadıkları geldi. Melek Hanım ofisimize Almanya'dan eşiyle birlikte gelmişti. Ofise girer girmez gözlerindeki inancı fark ettim. Yaşadığı vesveseler, takıntılar, korkular ve kaygılar onu o kadar çok yormuştu ki bu bedenine ve ruh haline yansıyordu ancak gözlerindeki umut hiç sönmemişti.

Bir insanın gözlerine baktığın zaman onun sıkıntılarını görebilirsin, mana ve kalp gözüyle baktığında sana her şeyi anlatır o gözler.

Kendisini seans kayıt formunu doldurduktan sonra bekletmeden seans odamıza aldım. Bir şeyler anlatmak istiyor ama kaskatıydı. Anlatamıyordu... Öylece bakıyordu... Belli ki yaşadıklarını içe atmaktan, anlatmaya çekinmekten içi kaskatı olmuştu. Yıllardır sakladığı bir sırrı olduğu belliydi, bunu kendine bile açıklayamıyordu.

Yaşadığı sırrı sadece kendisi biliyordu. Ne yanında gelen eşi ne de başka biri... Ben de bu sırra seansın ortalarında tanık oldum.

Bu tür duyguları tamamen tıkanmış danışanlarımda El Basıt esması birebir ilaç gibidir. El Basıt Allah'ın açan genişleten ismi şerifidir. Bir süre El Basıt esması ile alın ve tepe çakralarındaki tıkanıklığı açmak için kök çalışma yaptım. Kısa bir süre sonra Melek Hanım ağlamaya başladı. Duyguları yavaş yavaş açılıyordu...

Hâlâ bir şey anlatmamıştı bana... Öylece bakıyordu ama artık gözyaşları onun bu tıkanıklığını gidermeye vesile olmuştu. Ve bir anda bana "Hocam..." dedi. "Ben burada mıyım? Kendimi burada değilmiş gibi hissediyorum..." deyiverdi.

Çok yoğun kaygılar içindeydi zihni... O kadar yoğun ki odada olup olmadığının farkında değildi. Böyle birine evet buradasın desen fayda etmez. Çünkü nefsi ona vesvese vermeye devam edecek, şüpheye düşürecekti. Nefsi cevapla beslenmek istiyordu, bu ise benim yapacağım en son şey olurdu.

Nefsi iyi biliyordum, ona cevap versem baksa bir soru ile tatmin olmak isteyecekti. Bu yüzden Melek Hanım'ın bu sorusuna hiç cevap vermedim.

Yoğun vesveseler olduğu zaman zihni susturma tekniklerini ayet çalışmasından sonra uygularım. Öncelikle ayetler ile vesveseyi gidermek gerekir.

Ama korkulacak, endişe edilecek bir şey yoktu. Bu tür danışanların sayısı fazlaydı. Kendisine çalışma yapmadan önce içinden belli bir süre estağfurullah zikrini çekmesini istedim.

Bize ancak Allah yardım edebilirdi. O ol demeden hiçbir şey olmaz, hareket etmezdi. Bu yüzden bu ağır durumdan zihni susturma seansına geçmeden önce kendisine Allah'ın yardımıyla Kuran'dan geçen şifa ayetleri çalışmasına başladım.

Danışanın durumuna göre bazen manevi, bazen bilimsel çalışmalar ile bütünsel bir yaklaşım her zaman başarı getirir. Çünkü bir insanda psikolojik sıkıntı yanında bazen manevi sıkıntılar da olmaktadır. Bazen ise sadece psikolojik sıkıntı oluverir... Her iki ilmi de bilmek gerekir ki ona göre şifaya vesile olabilelim.

Zaten beynin kimyasını bozan şey de vesvese değil midir? Aslında her psikolojik sorunun kökünde vesvese vardır. Bu yüzden vesveseyi, nefsi iyi tanıyan bir uzman seanslarında başarılı olur.

Melek Hanım'ın kendi sağ elini kalbinin üzerine koymasını istedim.

> *"Ve yeşfi sudura kavmim müminine ve yüzhib gayza kulubihim."* (Tevbe 14-15)
>
> Meali: "Allah müminlerin yüreklerine su serpsin, ferahlandırsın (sevinç versin)."

Tevbe Suresi'nde geçen bu ayeti birkaç kez tekrarladım. Okurken de kalbi ile enerjisel bir bağ kurarak ferahlamasına, Kuran'ın kalbine işlemesine vesile olduk.

Daha sonra elimiz yine kalbimizde, Müminun 97 ve 98'de geçen şu ayetler ile Allah'ın yardımını diledik:

> *"Ve kul Rabbi euzu bike min hemezatiş şeyatin."*
>
> *"Ve euzu bike rabbi en yahdurun."*
>
> Meali: "De ki: Rabbim! Şeytanların etkilemelerinden sana sığınırım."
>
> Meali: "Ve de ki: Rabbim, şeytanların yanımda bulunup fısıltılarından sana sığınırım."

Ve sonra İsra 65'te geçen ayeti birlikte tekrarladık:

> *"İnne ibadi leyse leke aleyhim sultan ve kefa bi rabbike vekila."*
>
> Meali: "Şüphesiz (ihlaslı) kullarım üzerinde senin hiçbir hâkimiyetin olmayacaktır, yoktur. Vekil (koruyucu ve yardım edici) olarak Rabb'in yeter!"

Daha sonra da Şuara 80'den:

> *"Ve-iza meridtu fehuve yeşfin."*
>
> Meali: "Hastalandığım zaman bana şifa veren O'dur."

Evet, bu yine çok özel bir ayet idi. Melek Hanım'ın bir süre sonra duyguları iyice açılmaya başlamıştı. Ve yüksek bir sesle ağlayarak, "Hocam gözlerimin önüne geliyor, görüyorum hocam, otuz sene önceki o günü görüyorum. Çıplak hocam. Üzeri çıplak, görüyorum hocam..." diye ağlıyordu.

Evet, Melek Hanım'ın sırrına vâkıf olmuştum o an artık ben de... Kendi içinde yıllardır sakladığı ama kimseye anlatamadığı, eşinin dahi bilmediği sır bir taciz vakasıydı. Kendisi o zamanlar ilkokul çağındaydı. Ve kendini suçlu hissediyordu. Ailesini kendisini korumadığı için suçluyordu. Eşine karşı kendisini suçlu hissediyordu. Tüm bunlarla ilgili geçmişe ait izleri silmek adına çalışmalarımızı yapma sırası gelmişti. Nitekim o görüntüleri, suçluluk duygusunu kendisine hatırlatan içsesi nefsinin sesiydi.

O sesi susturmak bizim ellerimizdeydi. Olan ile ölüme çare yoktu. Geçmiş artık bitmişti ama geçmişi bitirmeyen, bize hainlik eden nefsimizdi. Melek Hanım ile zihni susturmak adına çalışmalar yapmaya başladık.

Kendisine "Tanık Olma Metodu"nu uyguladık.

Zihnine gelen düşüncelere anlam verdiği için o düşünceler kendisini yoruyordu. Ve Melek Hanım zihninin bekçiliğini yapıyordu. Sürekli aklına gelen ve giden düşünceleri kayıt tutuyor, onlarla konuşuyordu. Tıpkı bizim bu kitabı okumadan önceki eski halimiz gibi.

Öncelikle düşüncelere iyi ya da kötü düşünce dememesi gerektiğini anlattım. O önce bir düşünceydi. Saf bir düşünce... Sonra düşünceye enerji demesini söyledim. Ve kalbini, midesini, solunum sistemini nasıl kontrol etmiyorsa artık zihnini de rahat bırakması gerektiğini paylaştım.

"Hiç böyle düşünmemiştim hocam..." diyerek gülümsedi. Artık kendinden daha emindi. Mutluluğa az, birkaç adım kalmıştı. Ve "Tanık Olma Metodu"nu hayatına sokmaya artık hazırdı.

Çok yüksek olmayan bir sesle mırıldandı. "Artık zihnimin bekçiliğinden istifa ediyorum. Artık beynimi, aklımı rahat bırakıyorum. Enerjiler ister görüntü olun, ister kelime, ister düşünce, siz bir enerjisiniz, hadi gelin size izin veriyorum. Siz bana ne yapabilirsiniz ki? Beni öldürecek bir durumunuz yok. Tüm bedenimde dolaşsanız bile bir zararınız olamaz. Siz sadece aklıma gelir ve gidersiniz. Nasıl ki kalbime kan gelip kalbim onu vücuduma geri pompalıyorsa siz de aklıma gelir ve gidersiniz. *Her şey olması gerektiği gibi ilahi düzende işliyor.*"

Melek Hanım bu son cümlesinden sonra derin bir nefes aldı.

Artık iyice rahatlamaya başladı. Bir süre sonra yüzünü kocaman bir tebessüm kapladı. Zihninin bomboş olduğunu söyledi. Uzun zamandır hasret kaldığı bir durumdu bu. Onu çok iyi anlıyordum. Bunca yıldır yaşadıklarını duyumsuyordum. Ama artık hepsi geride kalmıştı. O gün kendisi için yeni bir başlangıç ve uyanış olmuştu.

Allah'ın hikmetine sual olunmazdı, yaşadıkları büyük bir imtihandı ama ona o imtihanı 30 sene boyunca yaşatan Allah değil, zihnine fısıldayan içsesi sandığı kendi nefsiydi...

Şeytanda Travma Oluşturacak Ayetler

(Zihni çok yoğun konuşanlar ve iç daralması yaşayanlar için!)

Neden taravma ayeti dedim? Şeytan Âdem'e (as) secde etmediği için Allah onu yüce makamından, huzurundan kovuyor. Bunu birazdan yazacağım ayette okuyacaksın. Allah, onun aşağılık olduğunu yüzüne vuruyor. Bu yüzden senin bu ayetleri okuman vesvese veren şeytanın hoşuna gitmeyecektir. Şeytan bu ayetleri senden duyduğunda o travma anını tekrar yaşamaya başlar.

Allah'ın onu huzurundan ve rahmetinden kovduğu o anı tekrar hatırlamak, yaşamak, şeytanı çileden çıkaracaktır. Nasıl seni üzen biri olduğunda şeytan o olayı unutturmaz ve daima sana hatırlatır, psikolojini bozmaya çalışır, işte şimdi senin de elinde şeytan için bir açık, bir koz var.

Bu ayetleri her tekrar edişinde ona travma anını yaşatacaksın Allah'ın izniyle.

Şimdi vesveseyi susturmak ve şeytana travma yaşatacak ayeti paylaşıyorum: Araf 13.

Aynı şekilde sabah ve akşam yedi kez okuyoruz:

"Kale fehbit minha fe ma yekûnu leke en tetekebbere fiha fahruc inneke mines sagirin."

Meali: "Hemen oradan in; orada büyüklük taslamak haddin değil. Hemen oradan çık. Sen aşağılanmışlardansın."

Şimdi de yine sana vesvese veren şeytanı üzecek, kaçıracak bir ayeti paylaşmak istiyorum. Sad Suresi 77 ve 78. ayetler:

"Kale fahruc minha fe inneke racim. Ve inne aleyke la'neti ila yevmid din."

Meali: "Oradan çık! Sen kesinlikle kovuldun. Lanetim, Din Günü'ne kadar senin üzerindedir."

Bu ayetleri de sabah ve akşam yedi kere okumanı istiyorum.

Bu ayetin geçtiği o an, yüce Rabbimiz şeytanı adeta rezil rüsva ediyor, onu huzurundan ve rahmetinden kovuyor. Oradan çık diyor. Evet, şeytan için bundan daha kötü bir an olabilir mi?

Allah onu hem huzurundan kovuyor hem de meleklerin yanında rezil ediyor. Zaten kibirli olan şeytan için bu sahne ne kadar travmatik! Bu sahneyi hayal et lütfen. Tamamen bir travma olmalı şeytan için!

Ve şimdi senin o travmayı şeytana yaşatmak kendi ellerinde.

Şu ana kadar melun seninle uğraştı, bütün yaşanmışlıklarını, hayatındaki olumsuz kesimleri sürekli sana hatırlattı.

İşte şimdi sana bir fırsat sunuyorum. Allah bunları ilham etti, ben de sana yazıyorum. Aslında fırsat sunuyorum demek çok yanlış, Allah bu fırsatı sana sunuyor, Uğur kim ki!

Bu kısmı düzeltmeden yazıyorum, çünkü hata yaptım, sana fırsat sunuyorum dedim. Bu Uğur kim ki sana o fırsatı sana sunsun, sana bir şey öğretsin! Bu yüzden beni hatalı gör, kusurlu gör, gözünce yüceltme. Süphan olan yalnız Allah'tır.

Hac Suresi 52. ayette Allah,
şeytanın vesvesesini, şüphesini
giderdiğini buyurmaktadır.
Bu ayeti bolca okuyun.
Şifa olsun.

Derdi Olanlar

Huzura ermek için Ahzab Suresi 43 öyle bir ayettir ki; onu okurken bile insanın içini huzur kaplar. Devamlı okumak sıkıntılarını Allah'ın izni ile def eder.

Huzur İçin Okunan Ayet

Talak Suresi 7 adeta bir terapi niteliğindedir. Allah'ın imtihanda olan kullarına verdiği huzur ve garantidir:

"Allah bir güçlükten sonra bir kolaylık yaratacaktır."

Bu ayeti de inanarak ve Allah'ın yardımını hissederek sayısız kez okumanı isterim. Ve daima hatırla! Önemli olan sayıca okumaktan ziyade inanarak okumandır.

Haklı mı Olmak İstersin, Mutlu mu?

Bu başlığı yazınca aklıma seansa gelen bir çift geldi:

Şehir dışından gelen evli çift ofise girer girmez birbirleriyle didişmeye başlamışlardı. Hale Hanım baskın bir karakter gözükse de Mustafa Bey hiç altta kalmıyor, hemen savunmaya geçiyordu. Konuya, "Siz haklı olmaya mı çalıyorsunuz yoksa mutlu olmaya mı?" diyerek hemen müdahil olmak zorunda kaldığımda, bir anda aralarındaki tartışmayı sonlandırarak şaşkın şaşkın bana bakakaldılar.

"Evet?" diyerek sorumu yineledim. "Amacınız haklı olmak mı yoksa mutlu olmak mı?"

İkisi birden, "Tabii ki mutlu olmak hocam..." dediler.

"O halde, bu şekilde bir iletişim kurarak sadece mutsuz olursunuz, şayet adliyede olsaydık ve bir duruşma içinde bulunsaydık o zaman hakkınızı arardınız, ancak burada sorunları çözümlemek için varız..." diyerek önce Mustafa Bey'i seans odamıza aldım.

Bu arada hiçbir zaman karı ve kocayı ilk başlarda birlikte dinlemem ve bu fikri anlamsız bulurum. Çünkü ikisini bir araya getirdiğinizde ilk yapmaları gereken birbirlerini suçlamak olacaktır. Sen bunu yaptın, hayır sen yanlış anlıyorsun, asıl sen böyle yaptın vb. İletişimin bir anda büyük bir tartışmaya dönmesi olasıdır.

Bu yüzden danışanlarıma evli de olsalar ikisinin de ayrı bir birey olduğunu, birey olarak kendi ayrı dünyaları olduğunu ve kendince sorunları olabileceğini hatırlatır, öncelikle bireysel sorunları çözmeye yönlendiririm.

Her ikisini de ayrı ayrı seansa alarak kişisel sorunlarını (ki bu sorunlar genelde, aşırı öfke, yoğun kaygı, takıntı, bağımlılık, depresif hal sorunları olmakta) çözdükten sonra danışanları birlikte odama alarak onlara birbirleriyle nasıl iletişim kuracaklarını anlatırım.

Hale Hanım ile Mustafa Bey'i ayrı ayrı dinlediğimde Hale Hanım'ın yüksek kaygıları olduğunu gördüm ve kendi sorunuyla eşini de mutsuz ediyordu. Aşırı takıntıları da vardı. Üzerinde taşıdığı kötü olumsuz enerji eşine yansıyor ve bütün dengeler bozuluyordu. Mustafa Bey'in de öfke sorunu vardı. Küçükken yaşadığı sevgisizlik, aşağılanma duyguları onu öfkeli bir hale getirmişti. Bu sorunları çözümlemeden eşler mutlu olamazdı.

Mustafa Bey'e şunu sordum: "Öfkelendiğinde mutlaka içinde bir ses duyuyorsundur. Hale bak seni dinlemiyor, Hale istediğin gibi davranmıyor, Hale çok dırdır ediyor gibi sesler..." O da, "Evet hocam, aynen bu sesleri duyuyorum..." diyerek başıyla da onayladı.

"O halde..." dedim. "İçinde senin mutsuz olmanı isteyen, seni huzursuz etmek için uğraşan ve sana sürekli Hale'yi kötüleyen bir ses!"

"O ben değil miyim?" dedi Mustafa.

"Hayır..." dedim. "Şayet sen olsaydın ağzını kapar susardın ve o ses de susardı. Üstelik bu vesvese..." Sordu, "Niçin vesvese?" diye. "Çünkü bir sıkıntıyı sürekli hatırlatıyor, o olayı asla unutmuyor ve daha da büyütüyor, zihnini sürekli meşgul ederek beyin kimyanı bozuyor. Vesveseyi kim verir?" dedim. "Şeytan" dedi Mustafa. Ben de, "Sen şeytan olmadığına göre bu ses, bu içsel ses nefsinin sesidir" diye karşılık verdim.

Mustafa gülümsedi, "Hiç böyle düşünmemiştim hocam..." diye ekledi.

Danışanlarıma daima içlerine odaklanmalarını söylerim. Çünkü şeytan ve nefis onları hep dışarıdaki insanlara odaklar. Bu sana bunu yaptı, bu bunları söyledi vb. Şayet sen dışarıdakilere odaklanırsan, hırsız evine girer ve bütün değerli eşyalarını çalar öyle değil mi?

Bu şeytanın psikolojini bozmak için kullandığı en etkili yöntemidir. İçinden fısıltı verir, sen o fısıltıyı duyarak seni üzen şahıslara odaklanırsın ve onların yaşattıklarını devamlı bir şekilde zihninde hatırlarsın.

Bu yüzden ben sana kula değil, içinde konuşana odaklanmanı söylüyorum. Ve sen bir kez içindeki o sesi fark ettiğinde çözüm için en büyük adımı atmışsın demektir. Bunu tekrar ediyorum ki unutmayasın.

Yaşadığın olayı o an yaşarsın, seni üzerler, o sahne o andır ama bitmiştir, asla o an geri gelmez, ancak şeytan o anı unutmaz ve sürekli seni o ana geri götürür. Ve sen şimdiki zamandan, yaşamdan koparsın.

O halde artık kula odaklanmayı bırakmanı isterim.

Bunları Mustafa ile paylaştım.

"Anladım hocam..." dedi. "Hale'ye değil bana sürekli haleyi kötüleyen içsesime yani nefsime odaklanacağım."

"Aynen öyle..." dedim.

Danışanlarıma hiçbir şekilde pozitif düşünün, takmayın demem. Bu şekilde zihin asla susmaz. Şayet sussaydı herkes olumlu düşünür ve onu sustururdu. Bu ancak bir motive olur ve motivasyon her zaman geçicidir. Bizim kalıcı bir huzura ihtiyacımız var.

İçinizdeki şeytanı olumlu düşünerek ikna edemezsiniz. Hatta bu onun işine gelir, çünkü sen sürekli onunla muhatapsın. Vaktini ona harcıyorsun. Ve sana bir sır daha vermek isterim.

Bu çok hassas bir konu, seni şaşırtabilir. Zihnini susturmak için zikir çekme. Genelde bunu yaparız. Biz zikir çekince şeytan susacak beynimiz boşalacak sanırız, oysa yine o konuşmaya devam eder. Allah'a sığınma demiyorum, yanlış anlama. Euzu besmele çekmek tabii ki gerekir. Ben sana Allah'ın isimlerini anmaktan söz ediyorum.

Buradaki şeytanın tuzağı şudur:

Kul Allah'ın rızasını kazanmak için zikir çekmelidir, Allah'ı hoşnut etmek için öyle değil mi?

Şimdi sen ortada bir sorun yokken otur zikrini çek. Allah ile baş başa kal bu çok normaldir, bu çok güzeldir. Ancak hayatında zikir çekmiyorsun, dünya telaşı seni içine almış, aklına zikir hiç gelmiyor ve şeytan bir vesvese veriyor oturup yüzlerce binlerce zikir çekiyorsun!

Şimdi ne oldu?

Şeytan der ki: "Bak Allah senin kendisini anmanı istiyor ama sen onu bir sorunun olmadığında anmıyorsun, unutuyorsun ama ben istediğim zaman zikrettirebilirim sana!"

Şeytanın buradaki sevincini görebiliyor musun?

Hâşâ Allah ile yarış içinde: "Bak kulun senin için seni zikretmiyor ama ben ona dilediğimde zikrettirebilirim. Bu benim elimde olan bir şey. Ona vesvese veririm ve o benden kurtulmak için zikreder ama senin rızan için etmez!"

Şimdi beni anlıyor musun? Çok açık ve basit yazıyorum. Zikrini bir sıkıntın olmadan Allah için çek, böylece şeytanı sevindirmemiş olursun.

Mustafa ile çalışmaya devam ettik. Artık eşinin yaptıklarını değil de eşinin yaptıklarını ona hatırlatan nefsini, içsesini fark etmişti.

Şimdi enerjisini çalan hırsız ile karşı karşıyaydı.

Ve sen bir hırsızı yakaladığında o aniden kalıverir. Psikolojide bu vardır, yakalandım ama şimdi ben işimi yapmaya devam edeyim! Yo hayır yakalanan bir suçlu bunu düşünemez. Bu yüzden sen nefsini fark ettiğin an bir anda durmaya başlar. "Şimdi bu adam beni nerden fark etti?"

Evet, kendine bunu sorar.

Mustafa'ya soru tekniğini öğrettim. Nefsine soru sormasını istedim. Ve sordu: "Nefsim şimdi bana ne anlatmak istersin?"

Beyni bomboştu. Hırsıza gel beni soy dersen oradan kaçar. Bu teknik de bununla ilişkilidir. "Bana ne anlatmak istersin, Hale bana neler yaşattı? Hadi anlat nefsim..."

Zihni susuyordu. Mustafa kardeşimin yüzü iyice gülmeye başladı. Bu sesine de yansıdı.

"Hocam vallahi aklıma hiçbir şey gelmiyor..."

Doğru, gelmesi imkânsızdı. Artık nefsini susturmayı öğrenmişti. Ona birçok teknik de anlattım. Hepsini hayatına uyguladı.

Sonra eşiyle çalıştık. Ona kaygıları ve takıntıları hakkında yapması gereken bilgileri verdim. Şeytanın açıklarını anlattım. Onu nasıl susturacağını artık çok iyi biliyordu. Beynindeki senaryolar susmaya başlamıştı. Derin bir nefes alarak teşekkür etti.

Ve artık Mustafa ile Hale bir arada oturabilirdi. İkisini de odama davet ettim. Yüzleri gülüyordu, nefes alıp verişleri değişmişti. Onlara evlilikte karı ve kocanın arasını açan şeytanın ismini söyledim: Dasim...

Bu ismi unutmayın. Not alabilirsiniz. Ortada bir sorun varsa Dasim hemen gelir bir kadının kulağına fısıldar, bir erkeğin kulağına fısıldar.

Kadına, "Bak bu sana bunları söyledi, yaşattı" der, erkeğe gider, karısını kötüler. O halde şimdi ne yapmalı?

Böyle bir durumla karşılaştıklarında hemen "Dasim'den Allah'a sığınırım" demelerini anlattım. Bunu üç kere tekrar etmelerini söyledim.

Yanımda tekrar ettiler: "Dasim'den Allah'a sığınırım..."

Evet, bunu söylediğin an eşinle aranı açmak isteyen şeytandan Allah seni korur. Bu bir duadır. Bunu yapabilirsin. Bunda bir sorun yok. Bu güzeldir, bu gereklidir. Bu Allah'ı o an Vekil görerek O'na sığınmaktır. Teslim olmaktır. Gerisini Allah halleder.

Hale ile Mustafa evlerine geri döneceklerdi, gelmişken biraz İstanbul'u gezmek istediler ve dualarını alarak onları yolcu ettik. Onları uğurlarken kapı çıkışında el ele tutuştuklarını görmek bizi mutlu etmişti. Kapıdan ilk girdiklerinde kavga içinde olan çift şimdi sevgi bakışlarıyla birbirlerine bakıyordu. Allah'a şükür bir yuvanın daha kurtulmasına vesile olmuştuk.

İnsanlara mutluluğunu anlatma,
herkesi kendin gibi iyi niyetli sanıyorsun.
Allah Felak Suresi'ni boşuna indirmedi:

"Hasidin iza Hased."

En çok edilmesi gereken dualardandır:

"Allahım bizi güvendiklerimizin şerrinden,
ihanetinden koru."

İyi insanlar ile karşılaşmak istiyorsan şu şekilde dua etmeni dilerim:

"Allahım Cami ve Vali ismin hürmetine sevdiğin, razı olduğun kulunla yollarımızı birleştir. Kalpleri birbirine ısındıran ancak sensin. Kalbimin bana zarar verecek kuluna ısınmasından da sana sığınırım."

Senin gönlün yüce diye
karşındaki insanın da seni,
senin gibi sevmesini bekleme.
Yorulursun, yıpranırsın...
O yüce gönüllülük herkeste olmaz.

Kısmet ve Huzur Hakkında Küçük Bir Sır

Bu hayatta gerçek huzuru istiyorsan kesinlikle bencillikten uzak durmanı sana önereceğim. Senin ruhsal, iç huzurun çok önemlidir, çünkü bir insanın ruhsal enerjisi iyi ise psikolojisi de iyi olur.

İnsanlara dikkat et, çoğu kendi egoları ve nefisleri için yaşamaktadır. Bencillik Allah ile kul arasında bir perdedir. Şimdi sen hep kendini düşünürsen nasıl mutlu olabilirsin?

Sana tarihten iki büyük zat ve özelliklerinden söz edeceğim. Ne demek istediğimi daha iyi anlayacaksın.

Bunlardan biri Hz. Ebubekir'dir (ra). Onun bütün tarihe ve insanlığa adeta damgasını vuran özel bir sözü vardır:

> *"Müminlerin cehenneme gitmemesini Allah'tan isterim, benim vücudum cehennemde büyüsün ki, onların yerine azap çekeyim."*

Yine çok önemli bir âlim. Nefsin şifrelerini çözmüş bir evliya Bediüzzaman hazretleri de buyurdu ki:

"Milletimin imanını selamette görürsem cehennem alevlerinde yanmaya razıyım."

Düşünebiliyor musun? Bu nasıl bir sevgi, bu nasıl bir insan sevgisi? İşte bu kalplerinde taşıdıkları sevgi yüzünden dünya kadar dertleri olsa da huzur ruhlarında yuva yapmıştı.

Ben senin hayata güzel yüreğinle bakmandan yanayım. Zihninin rahat etmesi, ruhunun huzur içinde olması için bu çok önemli bir meseledir. Yoksa bir insanın içinde sevgi yoksa istediği kadar malı ve mülkü olsun, kendi için yaşadığı sürece gerçek huzura eremez.

Ve bütün kısmetin kesilebilir, bir bencillik yüzünden bunları yaşayabilirsin.

Şu hikâyeyi dinle lütfen:

Varlıklı bir genç, sufi bir bilgenin yanına gitti. Ondan ders almak, hayatı öğrenmek istiyordu. Sufi bilge önce onu dinledi sonra da sordu:

"Peki ben seni derslerime alayım ama sen buna karşılık ne vereceksin?"

"Ne istersen" dedi genç. "Para, altın, toprak..."

"Hayır" dedi sufi bilge. "Ben senden bir halı istiyorum. Bu halı bir seccade büyüklüğünde olacak ve keçi kılından yapılacak. Eğer benden ders almak istiyorsan git, bana bu halıyı getir..."

Genç adam kendisinden istenen şeyi bulmanın çok kolay olduğunu düşünerek halıcıya gitti.

"Olur..." dedi halıcı. "Yalnız bu halıyı dokumam için keçi kılından yapılmış ip gerekli. Bana şu kadar ip getir, hemen yapayım..."

Genç doğru ipçiye gitti. İpçi de "Olur..." dedi. "Ama bende keçi kılı yok, şu kadar keçi kılı getir, istediğin ipi yapayım..."

Genç hemen keçi çobanına gitti.

Çoban "Kolay da..." dedi. "Benim keçi ağılımın çitleri kırıldı, ancak bunlar tamir edildikten sonra senin istediğin kadar keçi kılını verebilirim..."

Genç adam bunun üzerine marangoza gitti. Marangoz, dükkânında üzgün üzgün oturuyordu. Genç adam ona da derdini anlattı. "Olur ama..." dedi marangoz. "Benim çalışacak moralim yok. Doğru dürüst bir çit yapamam. Ben evlenmek istiyorum ama bunu başaramadım, o yüzden çalışamıyorum..."

Genç adam artık yapacağı hiçbir şey kalmadığını düşünerek çıktı, bir su kenarına oturdu, kara düşüncelere daldı. Ardından yanına bir yaşlı adam geldi, o da üzüntülü üzüntülü oturmaya başladı.

Biraz sonra yaşlı adam derdini anlattı. Çok sevdiği kızı yemeden içmeden kesilmiş, odasına kapanmıştı. Hiç çıkmıyordu. Ne derdi olduğunu da söylemiyordu.

"Ne yapacağımı bilmiyorum" dedi yaşlı adam. "Sen akıllı bir gence benziyorsun, bu konuda bana yardımcı olur musun?"

"Tabii..." dedi genç adam ve birlikte yaşlı adamın evine gittiler. "Bir konuğumuz var" diye kızına seslendi yaşlı adam. "Seninle de tanışmasını istiyorum."

Bir süre sonra genç adam kız ile sohbete başlamıştı. Ona güvenen genç kız sonunda derdini söyledi: Marangozu içten içe seviyor ama bunu ne babasına ne de marangoza söyleyebiliyordu. Bu derdinden dolayı umutsuzluğa kapılmıştı.

Genç adam hemen fırladı, gidip marangozu buldu. Marangoz yaşlı adamın kızıyla düğün tarihini belirledikten sonra çobanın keçi ağılını onardı. Çoban keçilerinin kıllarını topladı. İpçi bu kıllardan ip yaptı. Halıcı da iplerle halıyı dokudu.

Genç adam, sufi bilgenin yanına elindeki halıyla gittiğinden dolayı çok mutluydu. Halıyı verdi ve sordu: "Derslere ne zaman başlıyoruz?"

"Başladık bile..." dedi bilge. "Kendi çıkarın için bir şeyler yapmaya çalıştıkça yolların tıkandı. Ama bencilliği bırakıp başkası için bir şey yaptığında bütün yollar birbiri ardına açıldı. Bu halı da sende kalsın. Eğer içinde tekrar bencillik tohumları yeşerirse buna bakar ve ilk dersi hatırlarsın..."

Ve sen başkaları için bir şey yaptıkça hiç tahmin etmediğin yerlerden bütün ilahi ve rızık kapıları sonuna kadar açılacaktır. Bu Allah'ın hoşnut olduğu bir yaşam biçimidir. Tıpkı O'nun evliyaları gibi...

Ve daima anımsa:

Doğada hiçbir şey kendisi için yaşamaz.

Nehirler kendi suyunu içmez.

Ağaçlar kendi meyvelerini yemez.

Güneş kendisi için ısıtmaz.

Ay kendisi için parlamaz.

Çiçekler kendileri için kokmaz.

Toprak kendisi için doğurmaz.

Rüzgâr kendisi için esmez.

Bulutlar kendi yağmurlarından ıslanmaz.

Doğanın anayasasında ilk madde şudur: Her şey birbiri için yaşamalıdır. Birbiri için yaşamak, doğanın kanunudur, çünkü gerçek mutluluk ancak o zaman senin tüm ruhunu sarmaya başlar.

***

İşte böyle kıymetli okurum. Bir kitabımızın daha sonuna geldik. Dilerim şifana, içsel huzuruna vesile olmuşuzdur. Bu öğretileri sevdiklerinle paylaşarak onların da huzuruna vesile olman ne güzel olur. Hatta kitabını okuduktan sonra ihtiyacı olan çevrendeki insanlara hediye edebilirsin. Yahut da kimse görmeden bir durağa, bir parka bırakıp, ihtiyacı olan birinin huzuruna vesile olabilirsin.

Sana sevgi, barış, kardeşlik, sağlık ve Allah'a sonsuz tevekkül içinde bir ömür diliyorum.

Dualarda buluşmak dileğiyle...

Yazar Hakkında

Nur Seansı'nın kurucusu olan Manevi Danışman, Yaşam Koçu ve Yazar Uğur Koşar; kendisini fıkıh, tefsir, hadis ilmi açısından geliştirmenin yanında; zihin ilimleri olan bilgelik ile nefis ve sufiliği (kalp gözüyle bakışı) harmanlayarak kendine özgü üslubuyla insanların kendi öz varlıklarıyla buluşmasına, böylece kalıcı bir huzura kavuşmasına yardımcı olmaktadır...

Bütünden yana olan Uğur Koşar, "Bilim ve ilim ayrılamaz, dünya Kuran üzerine kuruludur..." diyerek; zihin, ilim ve psikolojiyi birleştirip seanslarında başarıya ulaşmıştır.

Uğur Koşar der ki: "Ben sizi yeni bir şeyle tanıştırmıyorum, sadece unuttuğunuz kendi özünüzle tekrar buluşmanıza vesile oluyorum. Yaşam matematik değil bir şiirdir ve içinde nefes aldığınız bu hayat, beyinlerin gelişmesinden öte yüreklerin ve ruhun olgunlaşmasıyla gelen bir kutlama olmalıdır."

Böylece yaşamanın aslında bir sanat olduğunu anlatmaktadır.

Onun görüşüne göre mutsuz insan yoktur, mutlu olacağına inanmayan insan vardır ve insanları yorgun kılan yaşam değil, taşıdıkları maskeler ve inandıkları kalıplardır ve içsesi olan kendi nefsidir.

Uğur Koşar, "Her soru önce kendi cevabını doğurur..." sözleriyle insanların aradığı cevapların aslında kendi derinliklerinde mevcut olduğunu ifade etmektedir.

O, yaşam yolculuğunda insanların kendilerini keşfetmeleri ve kendi derinliklerinde bulunan mevcut cevaplara ulaşmaları adına; onları sadece düşündürmeye, idrake ulaşmalarına ve baktıklarından daha derine odaklanarak Allah'ın kendilerine sunduğu hediyeleri görmelerine-kucaklamalarına yardımcı olmaktadır.

- Kaderimi severim Yazan'dan ötürü.

- Yaşam geçmiş ile gelecek arasında açmış bir çiçektir; onu, sadece şimdiki anın içinde koklayabilirsin.

- Kendi hayatını yaşamıyorsan yaşadığın hayat senin değildir!

- İnsanlar seni yanlış anladığında dert etme, duydukları senin sesin fakat aklından geçirdikleri kendi düşünceleridir.

- Senin dünyaya baktığın pencere kirli ise, benim renkli çiçeklerimi çamur görürsün.

- Önemli olan hayatın ne zaman son bulacağı değil, onu ne zaman hissederek yaşamaya başladığındır.

- Ben size mutlu olmayı değil, mutluluğa dönüşmeyi gösteriyorum.
- Allah kitaplarını, peygamberlerini insana göndermişken, cennetinin kapılarını ona açmışken ve sana bu kadar çok değer veriyorken; sen nasıl olur da kendine değer vermezsin?
- Sadece yaşamın gerçekliğine uyum sağla, ruhun ağlamaya ihtiyacı varsa ağla, gülmeye ihtiyacı varsa gül; her deneyimi yaşa, kontrol etme. Şayet kontrol edersen bütün enerjini dışarıya akıtmış olacaksın. Sessiz ol ve yaşamın akışını izle; tefekkürde kal, o akışta gelen her şey bir rahmettir.

Onun bu sözleri insanlara farkındalık kazandırmaya yöneliktir.

Uğur Koşar, insanlığın temel sorunlarından birini ise şöyle ifade etmektedir:

"İnsanlar isyanda, hayat çoğu için yaşarken bitmiş durumda; çünkü hep başkalarının hayatını yaşamaktalar. Bu hayat onların değil, başka bedenlerde, başka ruhlarda hayat buluyorlar ve onlar gidince hayat da anlamını yitiriyor. İnsanlığın en büyük sorunu budur. Kendi hayatını yaşamıyorsan yaşadığın hayat senin değildir. Nasıl olabilir ki? O hayat başkasına bağlı ve o gittiğinde yahut ilgisini yitirdiğinde sen de eriyor, tükeniyorsun! Olanları izlediğinde şahit olacaksın ve o zaman varlığın hakikate uyanacaktır."

Yazarın Seansları Hakkında

(İnsanların Uğur Koşar'a dünyanın dört bir yanından gelmelerinin sebebi; tıp doktorlarının teşhis koymuş olduğu panik atak, anksiyete, OKB-takıntı, özgüven eksikliği, depresyon hastalarına, tek seanslık görüşmesi ile destek vererek başarıya ulaşmış olmasındandır. İlginize teşekkür ederiz...)

Uğur Koşar seansları ile ilgili şu sözleri dile getirmiştir:

"Öncelikle şunu çok net belirtmeliyim: Yıllarca ruhsal ve psikolojik sıkıntılarına çare bulamamış insanlarla görüşmeyi seçiyorum. Bunu sana kimse söylememiş olabilir, fakat depresyon artık senin aydınlanmanın, çiçek açmanın habercisidir.

Bir çiçek tohumunu düşün; tohumun filizlenmesi, çiçek vermesi için nasıl ki artık son derece patlamaya hazır duruma gelmesi gerekiyorsa insan da depresyondayken çiçek vermeye hazır demektir.

Yahut gebe bir kadını düşün lütfen. Onun doğum gerçekleştirmesi için dokuz ay sürenin geçmesi, artık karnının burnuna gelmesi, bir patlamaya bir sıkışmaya hazır olması gerekir, öyle değil mi? Yoksa bebek sağlıklı doğmayacaktır. Bebek dört aylıkken doğarsa ölecektir. İşte bu yüzden senin dibe vurman, depresyonda olman benim için son derece güzel bir şey. Bana artık senin çiçek açmana yardımcı olmak, sadece bu negatif enerjini rahmaniye dönüştürmek kalıyor.

Psikolojik sorun yoktur. İnsan sadece hasta olduğuna inanmıştır. İnsan zihni susturmasını bilmiyor, çünkü onun kullanma talimatını kimse vermedi! Kul, kendisine vesvese veren nefsini susturamıyor. Ben insanlara zihnin nasıl kullanılacağını ve vesveseyi nasıl susturacağını gösteriyorum ve onlar kolayca özlerine ulaşıyor. Kalıcı sonsuz huzurla tanışıyorlar, tek sırrım budur.

Burada olduğuna göre değişik destekler almış, ilaçlar içmiş ama yine de kendi özünle buluşamamış olmalısın. Kendini hâlâ kötü hissediyor olabilirsin, çünkü sen derin bir uykudasın, tıpkı geceleri yatağında uyuduğun gibi ve bu durumda sana verilen komutları algılayabilir, onları idrak ederek yaşamında uygulayabilir misin?

Hayır, bunu nasıl yapacaksın? Sen zaten bir uykudasın... Uykuda olan hiç kimse dışarıdan verilen komutları rüyasında uygulayamaz. Kişinin öncelikle derin uykusundan uyandırılması gerekir ve bizim yaptığımız sadece sizin uyanmanıza yardımcı olmaktır, sonsuz huzur ise tıpkı kâbuslu bir rüyadan uyanır gibi kendiliğinden bir anda gelecektir."

"İnsanları yorgun kılan hayat değil, taşıdıkları maskeleridir" diyerek de birçok insanın farkında olmadan takmış olduğu maskelerinden sıyrılarak kendi özüyle buluşmasını sağlayan üstat, şu sözleriyle insanları farklı bakış açılarına yönlendirmektedir:

"Sorun hiçbir zaman problemler değildir, yaşam yolculuğunda problemler her zaman olacaktır, asıl sorun, zihnin oyununa gelerek kendi yaşam enerjiniz ile farkında olmadan sorunları, vesveseleri büyütmenizdir."

Uğur Koşar "Mutsuzluk, zeki insanın bilgeliğe dönüşüm aracıdır" diyerek danışanlarına, acıyı bir araç olarak kullandırıp sonra onu sonsuz bir huzura dönüştürmekte ve kendine özel öğretisiyle toplu seanslarında bunu yaşatarak anlatmaktadır.

Uğur Koşar, "Dikkatle izlemenizi isterim. Biri sizi üzdüğünde o aslında size sadece bir iğne batırmıştır; öfke, tepki, üzüntü ise sizin içinizden yükselir!" diyerek insanları kendi içine yönlendirip orada özü ile buluşturarak sorunların sonsuz bir huzura dönüşmesine; kendine özgü birçok öğretisiyle danışanlarının farkındalık kazanmasına ve bilgelik boyutuna ulaşarak aydınlanmasına yardımcı olmuştur.

Psikologlar kitaplarını ve seanslarını tavsiye etmektedir. Kendisi birçok danışanının dışında; sanatçılara, Süper Lig'den futbolculara, yaşam koçlarına, doktorlara seans vermektedir. Psikologlara da geliştirmiş olduğu ilmi ve tekniği paylaşarak insanlığa katkıda bulunmaktadır. Uğur Koşar görüşmelerini İstanbul Mimaroba'daki özel çalışma ofisinde yapmaktadır.

Üstadın geliştirdiği Nur Seansı; tek seanslık bir görüşmeden ibaret olup, ilaçsız çözüm ile başarılı sonuçlar edinilmiş ve tavsiye ile yayılmış bir sistemdir.

İletişim:

www.ugurkosar.com

kosarugur

0544 863 26 62